Hello, NÄHMASCHINE

WERTVOLLE BASICS & ERSTE PROJEKTE

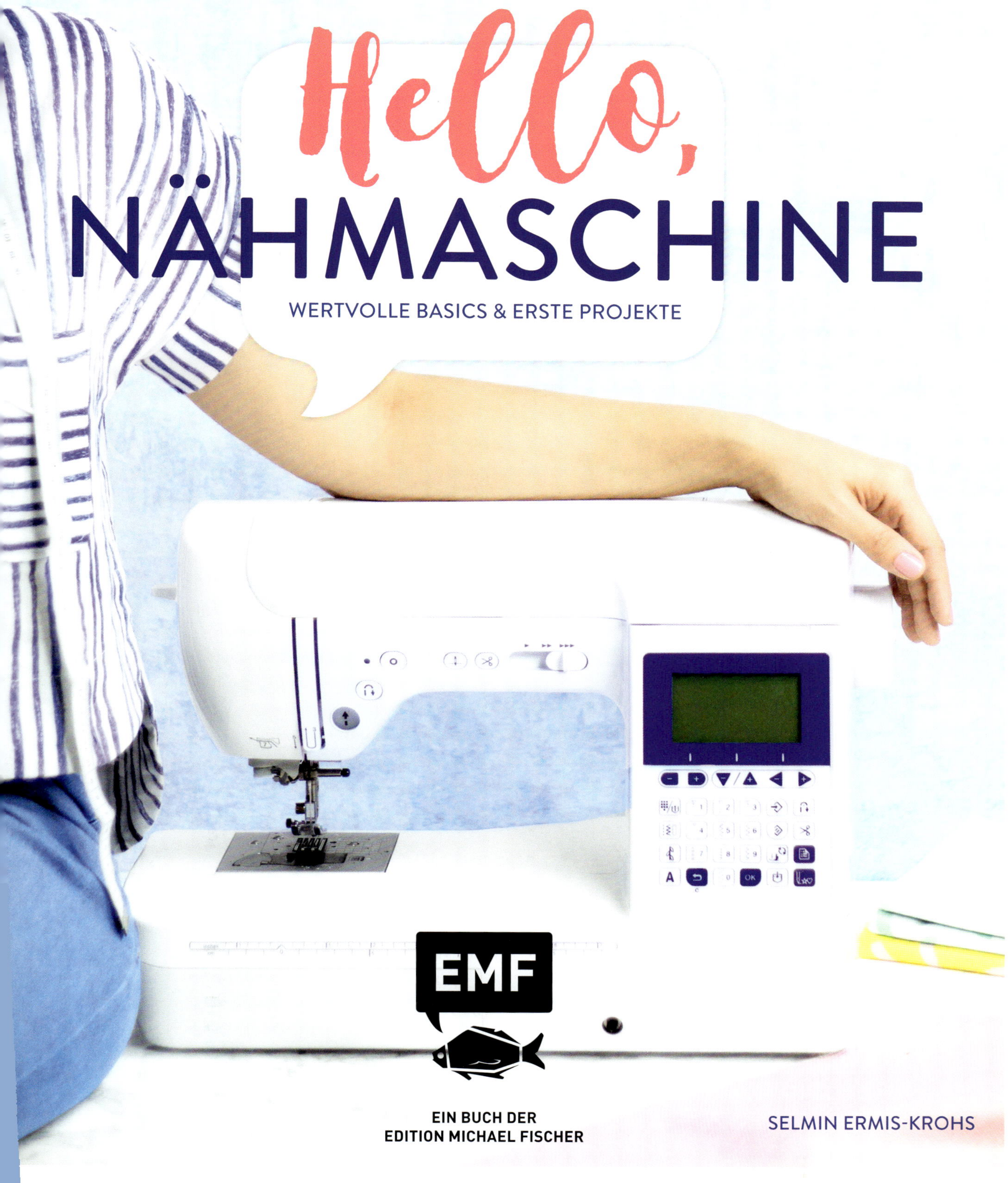

EMF

EIN BUCH DER
EDITION MICHAEL FISCHER

SELMIN ERMIS-KROHS

WALDES
ROLLED EDGE
100 YARDS
D64
Made by an
AWESOME
person

Für alle Ergründer
von neuen Nähwelten

WIE ICH ZUM NÄHEN KAM UND WARUM MIR DIESES BUCH WICHTIG IST

Hätte man mir als Teenager gesagt, dass ICH mal ein Nähbuch schreibe, hätte ich mich wohl gekringelt vor Lachen. Als Tochter einer Schneiderin in einem Umfeld voller handarbeitsbegeisterter Frauen hatte ich für das Thema Nähen nur jugendliche Ignoranz übrig. Spaß würde dieses antiquierte Hobby bestimmt nicht machen. Und diese ganzen komischen „Fachwörter", mit denen sie alle immer um sich warfen. Das konnte ich doch nicht einfach so lernen – und ich wollte es auch nicht.

Papperlapapp! Mehrere Jahre später war ich 32 und meine Freundin hatte gerade ihr erstes Baby bekommen. Mich überkam der Wunsch, ihm eine selbstgenähte Puppe zu schenken. Mit vereinten Kräften machten wir uns ans Werk: Ich schnitt zu, eine kundige Freundin nähte sie zusammen und meine Schwester knüpfte ihr Haare. Am Ende eines wunderbaren Nachmittags war eine Puppe mit viel zu kurzen Armen, aber mit viel Liebe entstanden: „Wolli". Der Bann war gebrochen und in mir erwachte der Wunsch, selbst „Hello" zu einer Nähmaschine zu sagen.

Ich bestellte mir kurzerhand eine günstige Nähmaschine und ein Nähbuch. Sofort tauchte ich ein in die mir unbekannte Welt des Nähens. Fünf Jahre, gespickt mit Näh- und Schnittkursen und einem Schrank mit über 100 selbstgenähten Kleidungsstücken, sind seitdem vergangen. Ein Leben ohne meine Nähmaschine kann ich mir gar nicht mehr vorstellen. Kein Tag, an dem ich nicht nähe oder Projekte plane. Auf meinem Blog „Tweed & Greet" habe ich es mir zur Aufgabe gemacht, mehr Menschen für das Nähen zu begeistern. Denn für mich ist es viel mehr als nur ein Hobby. Ich liebe es, die Welt da draußen zu vergessen und mich stundenlang in ein Projekt zu vertiefen. Es ist ein besonderer Moment, wenn mich mein fertiges Werk am Ende begrüßt. Egal, ob es ein einfaches Küchentuch ist oder etwas Komplizierteres zum Anziehen, es ist ein einzigartiges Stück, kreiert nach meinen Vorstellungen, mit meinen Händen.

Dieses Gefühl möchte ich weitergeben. Nähen ist viel leichter, als du denkst. Alles, was du brauchst, sind eine Nähmaschine und ein wenig Material – und jemanden, der dir die ersten Kniffe zeigt. Ich freue mich sehr, dass du mein Buch in der Hand hältst und mich auserwählt hast, dich bei deinen ersten Schritten an der Nähmaschine zu begleiten. Gemeinsam schauen wir uns dein unbekanntes Wesen Nähmaschine ganz genau an. Ich stelle dir die wichtigsten Werkzeuge und Materialien vor. Anhand von hübschen und absolut anfängergerechten Projekten erkläre ich dir Schritt für Schritt die wichtigsten Nähtechniken, bis du deinen neuen Gefährten am Ende gar nicht mehr zur Seite stellen magst. Nähprojekt für Nähprojekt wird sich der Schwierigkeitsgrad steigern: Und am Ende sagst du:

„Yeah! Ich kann wirklich nähen! Und es macht einen Riesenspaß!"

»DAS WIRD DER BEGINN EINER WUNDERBAREN *Nähfreundschaft!*«

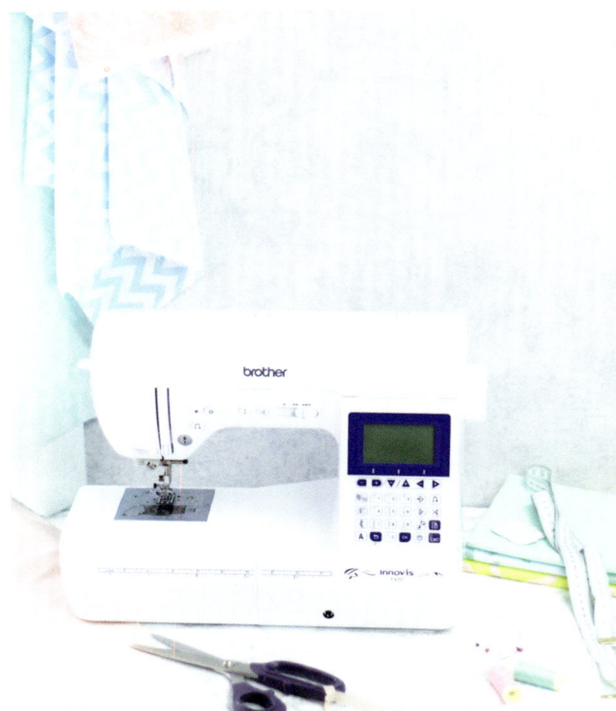
brother
innovis

INHALT

KAPITEL 3

KAPITEL 4

KAPITEL 5

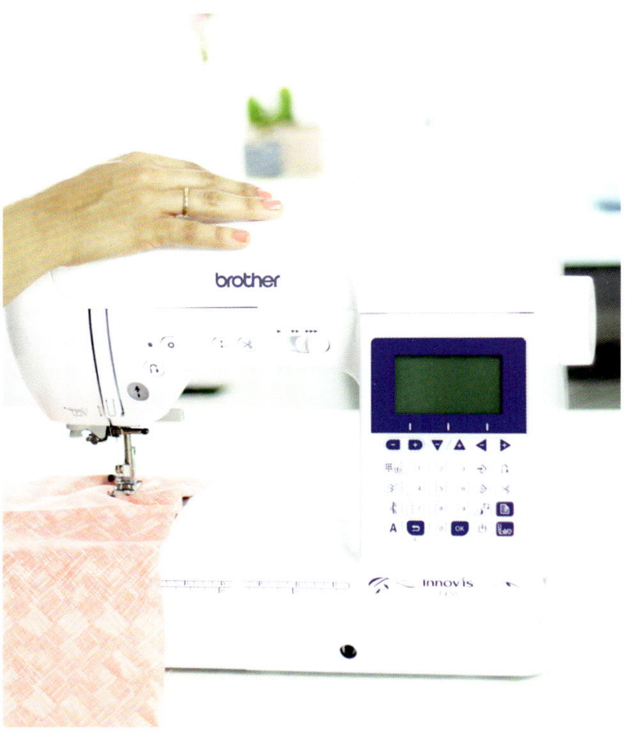

KAPITEL 6

LOS GEHT'S –

Hello, Nähmaschine!

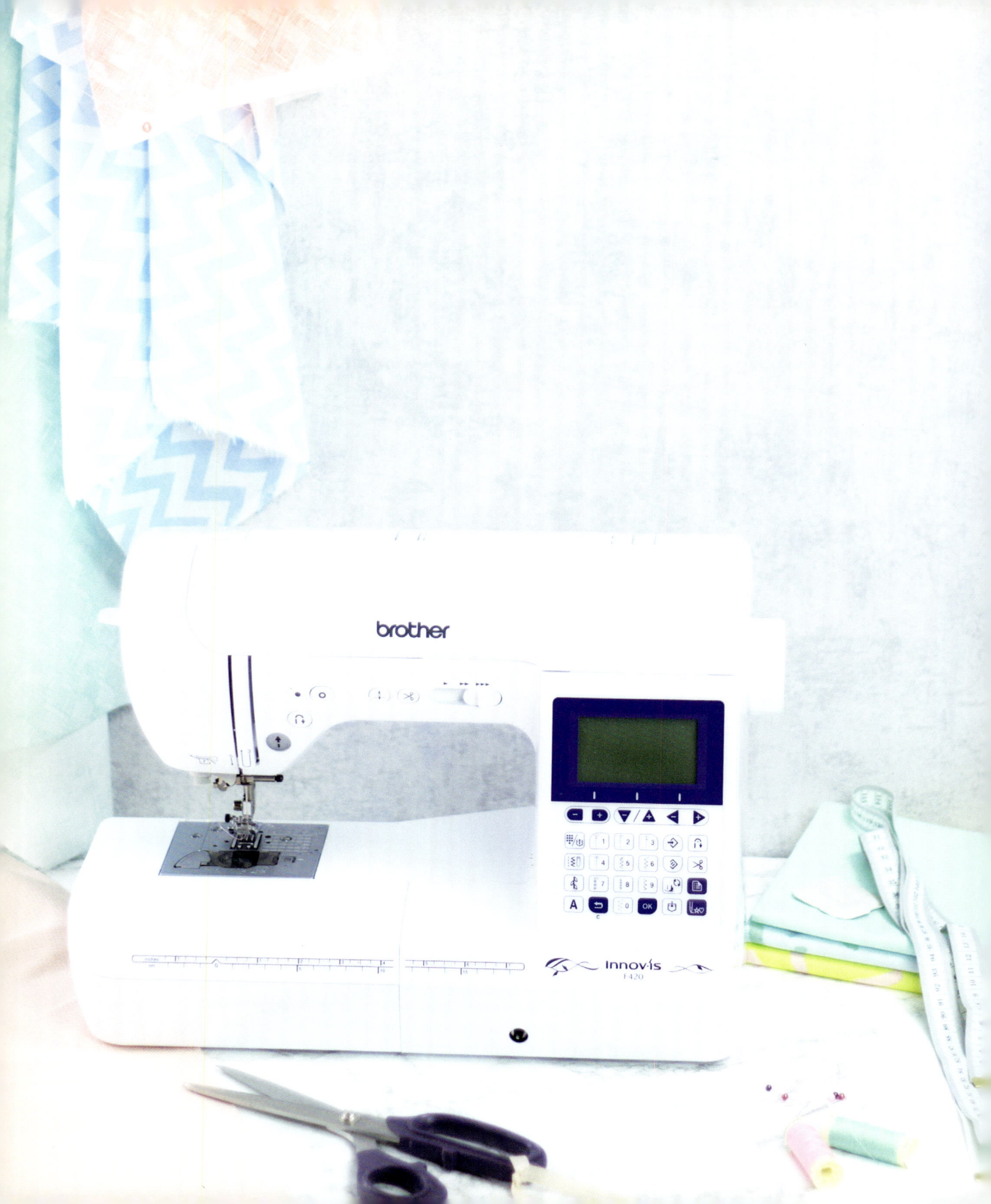
brother
Innov-is
OK
A

– KAPITEL 1 –

GESTATTEN? DAS IST DEINE *Nähmaschine*

Aufregend! Eine besondere Zeit beginnt:
Eine Nähmaschine soll bei dir einziehen oder sie ist bereits seit Kurzem da.

Ich helfe dir auf den nächsten Seiten bei der Entscheidungsfindung und dabei, die Nähmaschine Schritt für Schritt zu inspizieren. Nimm dir Zeit, sie kennenzulernen, es lohnt sich. Schon bald wirst du mit deiner Nähmaschine vertraut sein und ihr werdet ein unzertrennliches Team, versprochen!

WIE FINDEST DU **DIE** RICHTIGE *für dich!*

BESTIMME DEIN PREISLIMIT

Für deine erste Nähmaschine kannst du nahezu nichts ausgeben oder fast ein Vermögen – je nachdem, für welches Modell oder welchen Neuheitsgrad du dich entscheidest.
Ich habe mir anfangs eine sehr günstige Maschine für 100 Euro online bestellt, weil ich sofort loslegen wollte. Sie hat mir zwei Jahre gute Dienste geleistet, bis mir ihre begrenzte Ausstattung nicht mehr genügte. Setze dir eine Grenze für dein Budget und informiere dich in diesem Preissegment über Eigenschaften und Besonderheiten.

FRAGE FREUNDE UND BEKANNTE

Scheue dich nicht, deinem Freundes- und Bekanntenkreis davon zu erzählen, dass du gern anfangen möchtest zu nähen. Es wird garantiert jemand auftauchen, bei dem eine einwandfreie, aber vereinsamte Nähmaschine im Regal, im Keller oder auf dem Dachboden steht. Du kannst sie dir bestimmt ausleihen – und vielleicht hast du das Glück, dass dir dabei gleich die ersten Schritte an der Nähmaschine gezeigt werden. Ein perfekter Start, würde ich sagen!

LASS DICH BERATEN

In einem guten Fachgeschäft kannst du dich nicht nur ausgiebig beraten lassen und all deine Fragen loswerden. Du kannst die Nähmaschinen auch ausprobieren. Überlege dir nicht nur, welche Stiche die Maschine haben soll, sondern mach dir auch Gedanken darüber, wo du sie zu Hause aufstellen willst. Vielleicht ist es sinnvoll, sich für ein besonders leises Modell zu entscheiden, wenn dein Nähplatz in der Küche oder im Wohnzimmer sein wird. Ein Ort, den du dir möglicherweise mit anderen teilst. Wenn sie nicht an einem festen Platz stehen wird, sollte die Nähmaschine leicht sein, damit du sie problemlos transportieren kannst.

ONLINESHOPS

Wenn du kein Nähmaschinengeschäft um die Ecke hast, kannst du das gewählte Modell natürlich auch online bestellen. Achte dabei darauf, dass der Shop die Möglichkeit bietet, die Maschine ein paar Tage zu Hause in Ruhe zu testen und im Zweifel wieder zurückzuschicken, wenn du doch nicht mit ihr zurechtkommst. Das kann eine gute Möglichkeit sein, die Nähmaschine gleich einmal in ihrem neuen Umfeld auszuprobieren und zu entscheiden, ob sie für dich passt.

NÄHMASCHINENARTEN – *ein kleiner Überblick*

DIE MECHANISCHE

Mechanische Maschinen bieten je nach Ausstattung alle grundlegenden Funktionen. Über einen Drehknopf kannst du die wichtigsten Stiche wie Geradstich, Elastikstich und Knopflochstich auswählen. Sie sind einfach aufgebaut, sehr leicht bedienbar und haben meist auch nicht viel Gewicht. Alle, die viel nähen möchten, haben damit allerdings auch nur begrenzte Möglichkeiten. Mechanische Maschinen eignen sich gut für leichte Projekte, kommen bei aufwendigeren Stücken aber schnell an ihre Grenzen.

DIE COMPUTERGESTEUERTE

Sie hat eine Menge eingespeicherter Stepp- und Zierstiche im Gepäck. Die Stiche lassen sich in ihrer Länge und Breite über Knöpfe und Tasten oder, bei besonders modernen, über Touchscreens auswählen. Bei einigen Modellen kannst du sogar deine eigenen Stiche designen. Alle, die viel und gerne nähen und sich auch gern richtig kreativ an ihrer Maschine austoben möchten, werden mit einem computergesteuerten Modell über lange Zeit bestimmt viel Spaß haben.

OVERLOCKMASCHINE – DIE SPEZIALISTIN

Eine Overlockmaschine kann nähen, schneiden und professionell versäubern in einem Arbeitsgang. Sie arbeitet sehr zeitsparend und kommt ursprünglich aus der Industrie. Da sie trotz perfekter Nähte allerdings nur zwei Stoffteile miteinander verbinden kann, eignet sie sich nicht für alle Nähvorgänge.
So lassen sich mit ihr beispielsweise keine Steppnähte an Halsausschnitten oder Knopflöcher nähen. Sie dient eher als Ergänzung zur Nähmaschine, weil man mit ihr Kanten schnell und mühelos versäubern kann. Auf Seite 24 findest du noch mehr Informationen zu Overlockmaschinen.

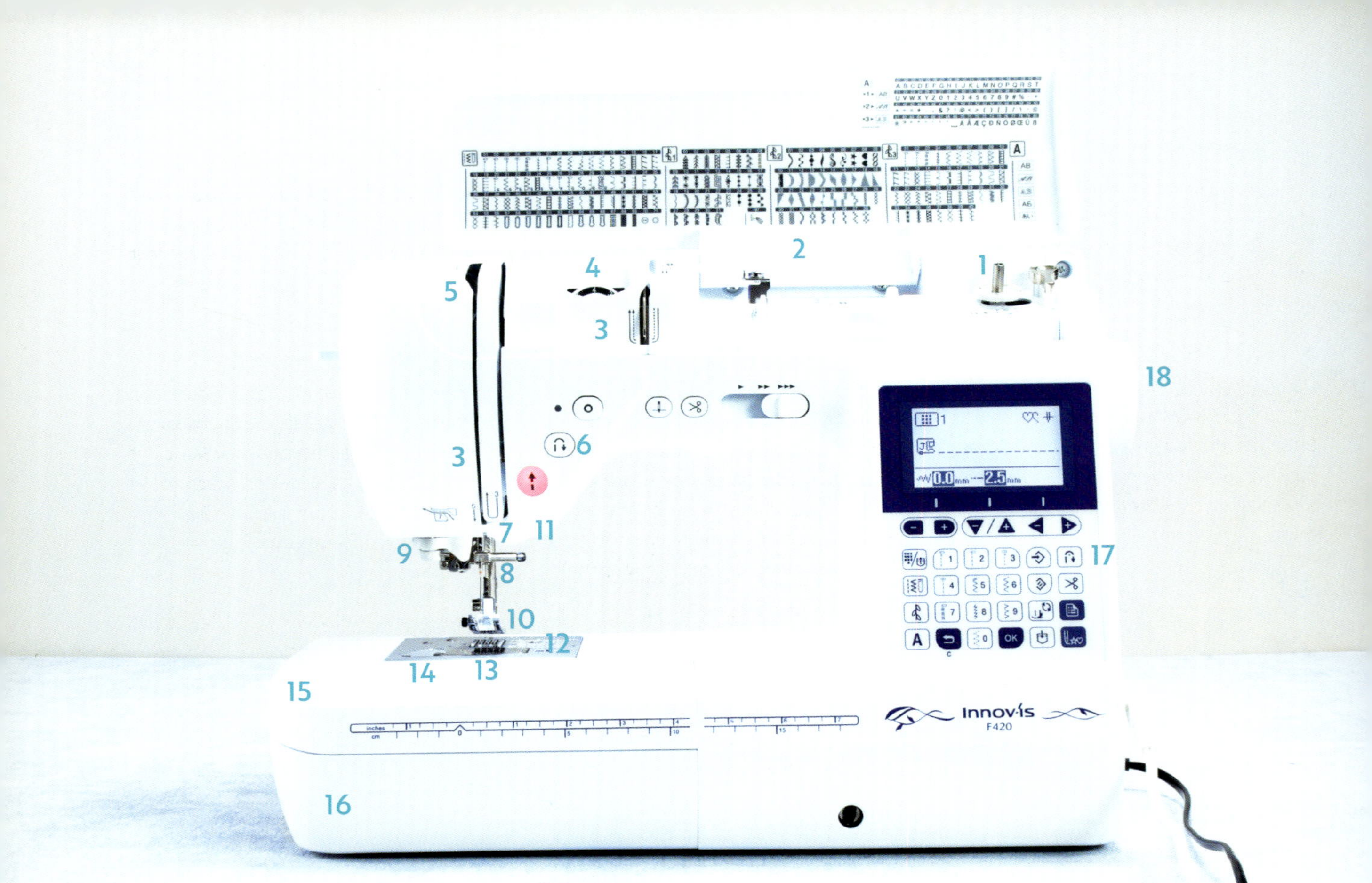

DIE NÄHMASCHINE

AUF EINEN BLICK

Die Bedienelemente an der Nähmaschine sind je nach Modell etwas unterschiedlich in ihrem Aussehen. Ich erkläre dir hier die wichtigsten Funktionen, über die jede Maschine verfügt. Es lohnt sich auf jeden Fall, auch die Bedienungsanleitung durchzulesen.

1. SPULVORRICHTUNG

Hier wird der Oberfaden von der Garnrolle auf die Unterfadenspule aufgewickelt. Die Spule wird aufgesetzt, der Hebel in die Spulposition (meist nach rechts) geschoben, dann kann man durch Betätigen des Pedals das Garn aufspulen.

2. GARNROLLENSTIFT UND -KLAPPE

Hier platzierst du die Garnrolle für den Oberfaden. Der Stift sorgt dafür, dass das Garn gleichmäßig beim Nähvorgang abgewickelt wird. Die abnehmbare Klappe hält die Garnrolle auf dem Stift.

3. FADENFÜHRUNG

Die Fadenführung sorgt dafür, dass der Faden in deiner Maschine auch dort bleibt, wo er hingehört und sich auf dem Weg von der Garnrolle zur Nadel nicht verheddert. Die Richtung der Fadenführung ist auf der Nähmaschine meist gekennzeichnet.

4. OBERFADENSPANNUNG

Die Fadenspannung kann mit diesem Rädchen oder einer Taste eingestellt werden. Sie sorgt für ein schönes Stichbild und muss, je nach Stoffstärke, individuell eingestellt werden.

5. FADENGEBER/-HEBEL

Der Fadengeber zieht den Faden von der Garnrolle. Er muss sich beim Platzieren und Entfernen des Nähguts immer in höchster Stellung befinden. Je nach Nähmaschinenmodell ist er als Hebel gut sichtbar oder liegt etwas versteckt im Gehäuse.

6. RÜCKWÄRTSTASTE ODER -HEBEL

Mit der Rückwärtsnähfunktion kannst du eine Naht am Anfang und am Ende verriegeln, damit sich die Stiche später nicht lösen. Wenn du die Taste oder den Hebel betätigst, näht die Maschine im Rückwärtsgang.

7. NÄHLICHT

Das Nählicht beleuchtet die Fläche rund um die Nähnadel und den auf der Stichplatte liegenden Stoff.

8. NADELHALTER

Das ist die Vorrichtung, die mithilfe einer Halteschraube die Nadel an der Maschine befestigt.

9. NADELEINFÄDLER

Wenn du eine Nähmaschine mit automatischem Einfädler hast, hilft dieser dir dabei, den Faden schnell und einfach durch das Nadelöhr zu schieben.

10. NÄHFUSS

Der abgesenkte Nähfuß hält den Stoff beim Nähen auf der Stichplatte fest. Durch das Anheben des Nähfußes ist die Fläche frei und du kannst den Stoff unter dem Nähfuß platzieren.

11. NÄHFUSSHEBEL

Der Nähfußhebel befindet sich meist hinter der Nähmaschine oder seitlich vom Nadelhalter. Damit kannst du den Nähfuß anheben oder absenken.

12. STICHPLATTE

Die Stichplatte umfasst den Transporteur, der den Stoff unter dem Nähfuß weitertransportiert. Auf ihr sind Linien und Abstandsmesszahlen eingraviert, die sehr nützlich sind: Sie zeigen den Abstand zur Nähnadel an. Führt man die Stoffkante beim Nähen an der entsprechenden Linie entlang, erhält man eine gleichmäßige Steppnaht.

13. TRANSPORTEUR

Der Transporteur befindet sich unterhalb der Stichplatte, seine Zähnchen ragen aus einer Aussparung an der Platte heraus. Er bewegt den Stoff während des Nähens unter dem Nähfuß weiter.

14. SPULENKAPSEL

Die Spulenkapsel beherbergt die Unterfadenspule. Es gibt zwei Varianten: Entweder sie ist unterhalb der Stichplatte fest integriert (oft unter einem transparenten Deckel) oder sie befindet sich hinter der Anschiebefläche oder dem Zubehörfach und muss zum Einsetzen der Spule herausgenommen werden.

15. FREIARM

Der Freiarm wird für das Nähen von schmalen Öffnungen, wie etwa bei Hosenbeinen, Ärmeln und Manschetten verwendet. Dafür wird die Anschiebefläche (unten links außerhalb der Stichplatte) oder das Zubehörfach der Maschine einfach entfernt.

16. ZUBEHÖRFACH

Das Zubehörfach beinhaltet entweder ein Täschchen mit dem Nähzubehör oder ein Fach, in dem sich die Nähfüßchen ordentlich einsortieren lassen. Häufig ist es in der Anschiebefläche untergebracht.

17. STICHAUSWAHL

Damit kannst du den richtigen Stich an der Nähmaschine einstellen. Die Stichauswahl befindet sich bei mechanischen Maschinen an einem Drehrad. Bei elektronischen Nähmaschinen gibt es meist ein Bedienfeld mit Tasten oder sogar mit Touchscreen.

18. HANDRAD

Das Handrad befindet sich immer auf der rechten Seite der Nähmaschine. Es bewegt die Nadel und den Transporteur auf und ab. So trägt es dazu bei, dass sich der Stoff über den Transporteur weiterbewegt und letztendlich ein Stich im Stoff entsteht.

NÄHPLATZ

RICHTIG EINRICHTEN UND IMMER IM NÄHFLOW BLEIBEN

Egal, ob du ein eigenes Zimmer zum Nähen hast oder den Küchentisch besetzt – dein Nähplatz wird der Ort sein, an dem du dich ganz auf dein tolles neues Hobby konzentrieren möchtest. Damit du diese Zeit so angenehm wie möglich gestaltest und jederzeit im Nähflow bleibst, sollte er schön praktisch ausgestattet sein.

EIN FESTER PLATZ

Versuche, an einem festen Platz zu nähen, an dem du die Nähmaschine möglichst für ein paar Tage stehen lassen kannst, ohne sie wegräumen zu müssen.

AUSREICHEND LICHT

Achte darauf, dass dein Nähplatz gut beleuchtet ist. Schaff dir eine Schreibtischlampe an, die von der linken Seite auf den Arbeitsplatz leuchtet, so kannst du Nähte und kleine Details in Ruhe kontrollieren und auch spätabends noch deinem Hobby nachgehen.

ALLES GRIFFBEREIT AN EINEM ORT

Bewahre die Nähmaschine und das Material an einem Ort auf: Das kann ein Schrank oder Regal in der Nähe deines Arbeitsplatzes sein. Das Nähmaterial kannst du in einer Tasche oder einer hübschen Kiste aufbewahren. So brauchst du nur den Schrank zu öffnen, Nähmaschine und Material herauszuholen und loszulegen.

EIN STARTKLARER NÄHTISCH

Achte darauf, dass dein Arbeitsbereich ordentlich und freigeräumt ist, vor allem, wenn du gerade nicht nähst. Der Gedanke, vor dem Nähen erst umständlich stapelweise Papierkram oder Spielzeug wegräumen zu müssen, lädt nicht unbedingt zum gemütlichen Nähabend ein. Gewöhne dir an, auch nach der Session so weit Ordnung zu schaffen, dass du am nächsten Tag gleich wieder mit Freude durchstarten kannst.

HÜBSCHES UND NÜTZLICHES VERBINDEN

Umgib dich mit motivierenden und schönen Dingen rund um deinen Nähtisch. Ein hübscher Utensilo hält alle wichtigen Materialien griffbereit und vergrößert die Vorfreude auf die Stunden an der Nähmaschine. Postkarten mit motivierenden Sprüchen verschönern die Nähecke und dienen als Blickfang im Raum.

»SORGE FÜR EINE UMGEBUNG, DIE Lust aufs Nähen MACHT!«

MEINE LEITSÄTZE,

DIE DAS NÄHEN NOCH SCHÖNER MACHEN

»DEINE NÄHMASCHINE, DEINE REGELN!«

Wenn dir ein bestimmter Handgriff nicht gut gelingt, übe ihn, bis er wirklich sitzt, oder denke dir eine passende Alternative aus. Hauptsache, das Ergebnis gefällt dir am Ende.

»NÄHE DIR DIE WELT, WIE SIE DIR GEFÄLLT!«

Nähen ist die perfekte Möglichkeit, deine Kreativität auszuschöpfen. Lass dich von deinen Ideen treiben und probiere einfach verschiedene Techniken aus.

»ENTSPANN DICH, ES IST DOCH NUR STOFF!«

Du arbeitest nicht am offenen Herzen – sondern nur an einem Stück Stoff. Was soll also schon passieren, wenn du einen Fehler machst? Es gibt immer einen Weg, ihn in Ruhe zu korrigieren. Nähen ist ein Mittel, das dich vom Alltag ENTspannen und nicht ANspannen soll. Nimm dir Zeit und arbeite ruhig vor dich hin.

»ES IST LEICHTER, ALS DU DENKST!«

Jeder kann nähen, wirklich! Du musst nur loslegen! Dann wirst du überrascht sein, wie schnell dir Dinge, von denen du nie gedacht hättest, dass du sie mal selbst machst, plötzlich gelingen.

»DAS LEBEN IST ZU KURZ, UM SICH ÜBER SCHIEFE NÄHTE ZU ÄRGERN.«

Perfektionismus schön und gut, aber nicht jede schiefe Naht muss an den Pranger gestellt werden. Am Ende sehen Nähprojekte immer beeindruckend aus und niemand beachtet den kleinen Fehler.

»VOM KÜCHENTUCH ZUM MEISTERSTÜCK!«

Wenn du einmal den Dreh raushast, steht dir eine wunderbare Welt voller Möglichkeiten offen. Trau dich und packe es an!

KAPITEL 2

DAS TEAM RUND UM DIE NÄHMASCHINE

GRUNDAUSSTATTUNG, NÜTZLICHES UND DEKORATIVES MATERIAL

Eine Nähmaschine kommt selten allein. So viele Helfer, die dich und dein Hobby unterstützen sollen. Da kann man schnell den Faden verlieren.

Auf den nächsten Seiten erhältst du einen Überblick über die Grundausstattung, nützliche Helfer und dekoratives Zubehör. Zudem erfährst du alles Wichtige über Overlockmaschinen als Ergänzung zur Nähmaschine.

DAS HAT DEINE NÄHMASCHINE MEIST SCHON DABEI:

NÄHNADELSET: ein kleines Behältnis mit Nähmaschinennadeln in verschiedenen Stärken

GARNROLLENSTIFT: zum Aufsetzen des Garns

SCHRAUBENZIEHER: zum Öffnen des unteren Gehäuses und anderer Bereiche

SPEZIALNÄHMASCHINENÖL: Wenn deine Nähmaschine regelmäßig geölt werden muss, ist oft bereits ein kleines Fläschchen Spezialöl dabei.

REINIGUNGSPINSEL: Damit kannst du regelmäßig Flusen und Staub entfernen, die sich vor allem unten im Gehäuse ansammeln.

NAHTTRENNER: Der kleine Stift mit hakenartigem, scharfem Metallende hilft dir dabei, fehlerhafte Nähte wieder aufzutrennen.

STANDARDNÄHFÜSSE: Die wichtigsten Nähmaschinenfüßchen sind der Geradstich- und der Reißverschlussfuß. Auf Seite 22 werden sie vorgestellt.

UNTERFADENSPULEN: Darauf wird der Unterfaden an der Spulvorrichtung aufgewickelt. Wenn du Spulen nachkaufst, solltest du darauf achten, dass sie für deinen Nähmaschinentyp geeignet sind.

HANDBUCH: Vor dem Start an der Nähmaschine ist es sinnvoll, das Handbuch gründlich durchzulesen.

GRUNDAUSSTATTUNG

Achte bei der Auswahl des Zubehörs unbedingt auf Qualität. Discountware ist zwar günstig, aber auf Dauer wirst du beim Nähen nur mit hochwertigen Kurzwaren und Utensilien Freude haben.

MASSBAND

Ich liebe das Gefühl, mein Maßband am Anfang eines Projektes um den Hals zu schwingen. Es ist zudem auch ein praktischer Begleiter, um jederzeit Maße zu kontrollieren oder Abstände zu messen.

HANDMASS

Eignet sich mit seiner Länge von 20 Zentimetern und seiner stabilen Kante perfekt zum schnellen Abmessen von Säumen, Steppnähten und Nahtzugaben. Man kann damit auch fix Hilfslinien markieren.

GEODREIECK ODER PATCHWORKLINEAL

Eignet sich gut zum Zeichnen von Winkeln und gleichmäßigen Abständen. Patchworklineale gibt es in verschiedenen Größen, sie sind vielseitig verwendbar.

SCHNEIDERKREIDE ODER KREIDEROLLER

Schneiderkreide kann man für alle Stoffarten verwenden, am besten immer nur von der linken Seite. Sie eignet sich auch gut für weichere Materialien wie Wollstoffe. Der Kreideroller gleitet leicht über den Stoff und eignet sich prima für die Markierung von Nahtzugaben. Man kann damit präzise dünne Linien zeichnen und er lässt sich leicht ausklopfen oder -bürsten.

TRICKMARKER ODER KREIDESTIFT

Trickmarker eignen sich zum Markieren auf Stoff, wenn sehr präzise Linien nötig sind. Es gibt selbstlöschende Trickmarker, die nach 48 Stunden vom Stoff verschwinden, oder solche, die sich mit Wasser entfernen lassen. Kreidestifte eignen sich besonders für kräftigere dunklere Stoffe wie Denim. Es gibt sie in verschiedenen Farben.

TROUBLESHOOTING:

Die Markierungen lassen sich auf dem Stoff weder mit Schneiderkreide noch mit Trickmarker anbringen:

Wenn du auf dem Stoff keine Kreidelinien ziehen kannst, weil er empfindlich ist oder die Kreide sofort wieder abfällt, kannst du Markierungen entweder stecken oder mit Reihgarn heften (siehe Seite 26).

ACHTUNG

Teste deine Markierhilfe immer vorher auf einem Stoffrest deines Projektes, um böse Überraschungen zu vermeiden!

STECKNADELN

Stecknadeln sind in unterschiedlichen Längen und Farben erhältlich. Glaskopfstecknadeln schmelzen nicht und lassen sich gut greifen. Bei Plastikkopfstecknadeln ist Vorsicht beim Bügeln geboten – sie können bei zu hoher Temperatur schmelzen!

TIPP

Bunte Stecknadeln mit lustigen Köpfen in Herz- oder Blumenform verleiten schnell zum Kauf. Billige Nadeln werden jedoch schnell stumpf und die Köpfe können abfallen.

HANDNÄHNADELN UND FINGERHUT

Lege dir ein kleines Set mit Handnähnadeln in verschiedenen Größen und Längen zu, man braucht sie immer wieder, um beispielsweise Knöpfe anzunähen oder Wendeöffnungen zu schließen. Feine Stoffe solltest du mit dünnen Nadeln nähen, dickere und festere Stoffe mit entsprechend stärkeren Nähnadeln. Der Fingerhut schützt deinen Finger vor Verletzungen.

SICHERHEITSNADELN

Ein kleines Set mit Sicherheitsnadeln in verschiedenen Größen brauchst du zum Einziehen von Gummibändern oder Kordeln in Tunnelzüge.

NADELKISSEN

Ein sehr nützlicher Helfer, den du immer neben deinem Nähprojekt parat halten kannst, um Stecknadeln zu entnehmen. Neben der Nähmaschine platziert, hilft es, abgelegte Stecknadeln dort einfach zu sammeln. Mein Favorit ist ein magnetisches Nadelkissen, das die Nadeln wie von Zauberhand vom Tisch sammeln kann.

NAHTTRENNER

Der beste Freund und Feind gleichzeitig. Fehler beim Nähen gehören dazu und dein Nahttrenner wird der Einzige sein, der fehlerhafte Nähte immer wieder mit einer Engelsgeduld mit dir zusammen auftrennt.

STOFFSCHERE

Das Heiligtum aller Nähbegeisterten. Eine gute Schneiderschere gleitet leicht durch den Stoff und unterstützt dich beim sauberen Durchschneiden. Verwende diese Schere nur für Stoff und niemals für Papier, denn sonst wird sie schnell stumpf.

TIPP

Je feiner der Stoff, desto schmaler sollte das Schneideblatt der Schere sein. So wird der Stoff weniger stark angehoben, verrutscht weniger und lässt sich genauer schneiden. Bei sehr dünnen Stoffen ist ein Rollschneider hilfreich.

PAPIERSCHERE

Zum Ausschneiden von Schnittmustern aus Papier.

FADENSCHERE

Die Fadenschere wird benötigt, um kleine Fäden vom Stoff abzuschneiden. Am besten, du bewahrst sie immer griffbereit neben der Nähmaschine auf.

BÜGELEISEN

Kein Nähprojekt ohne Bügeleisen und Bügelbrett – warum das so wichtig ist, erfährst du auf Seite 41.

AUF DEM RICHTIGEN FÜSSCHEN

STANDARDNÄHFÜSSE

Zur Grundausstattung deiner Nähmaschine gehören einige nützliche Nähfüßchen, die dich dabei unterstützen, deine Nähprojekte zu meistern. Egal, ob ein Reißverschluss angenäht werden muss oder Knopflöcher nicht fehlen dürfen.

1. STANDARDNÄHFUSS ODER ZICKZACKFUSS

Der Standardnähfuß wird am häufigsten eingesetzt, du kannst ihn bei allen Sticharten anwenden.

2. APPLIKATIONSFUSS

Der Applikationsfuß hat einen großen durchsichtigen Bereich, dadurch hast du die Nähkante immer gut im Blick. Perfekt für Motive, die du aufnähen willst.

3. REISSVERSCHLUSSFUSS

Da er schmäler ist als die anderen Füße, kann man damit dicht entlang den Reißverschlusszähnchen nähen. Er wird links oder rechts am Nähfußhalter angebracht.

4. KNOPFLOCHFUSS

Mit den meisten Nähmaschinen kann man Knopflöcher nähen und dieser Nähfuß sorgt für exakte Ergebnisse.

5. KNOPFANNÄHFUSS*

Damit kannst du kleine Knöpfe mit Löchern annähen.

6. BLINDSTICHFUSS*

Damit kann man unsichtbare Saumabschlüsse nähen.

7. ÜBERWENDLINGFUSS*

Eignet sich zum Nähen und Versäubern von Stoffen.

*Nicht bei allen Nähmaschinen enthalten

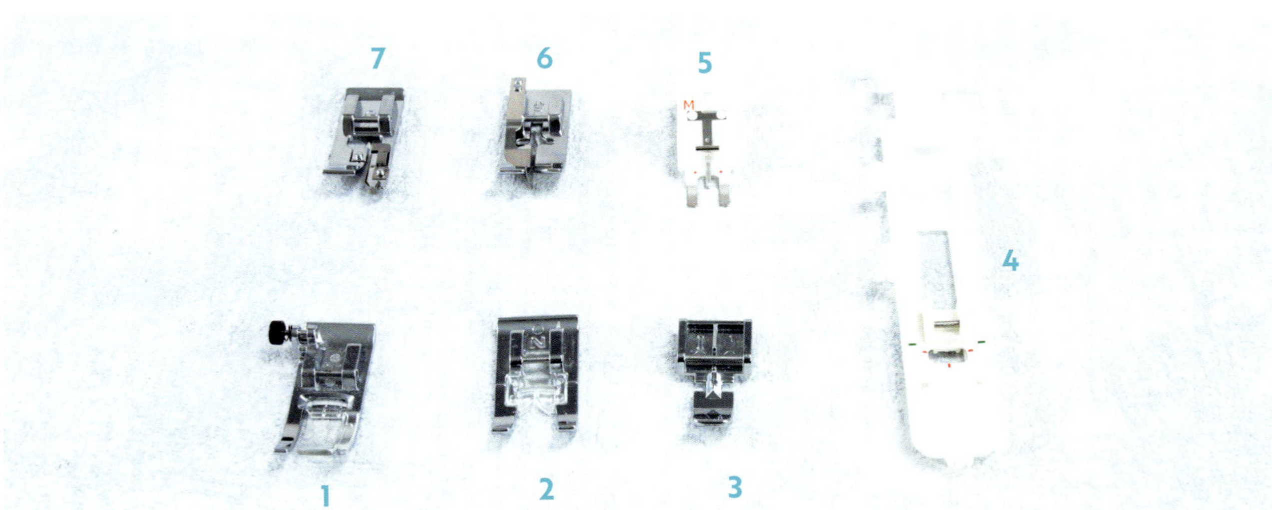

EIN SPITZENSTICH MIT DER PASSENDEN

NÄHMASCHINENNADEL

Es gibt spezielle Nadeltypen für bestimmte Stoffarten. Für ein schönes Stichbild und so wenig „Nadelschwund" wie möglich, sollte die Nadel dem Material entsprechend ausgewählt werden.

UNIVERSALNADELN

Für alle Standardprojekte und Stoffarten geeignet. Universalnadeln haben eine leicht gerundete Spitze. Wichtig ist es, die Nadelstärke auf die Dicke des Stoffes abzustimmen (siehe Tabelle).

JERSEYNADELN

Jerseynadeln haben eine abgerundete Kugelspitze. Sie eignen sich perfekt zum Verarbeiten von Strickstoffen und Maschenware, da sie durch den Stoff stechen, ohne dabei die Maschen zu verletzen.

JEANSNADELN

Jeansnadeln sind auf kräftige Stoffe abgestimmt. Sie haben eine scharfe Spitze mit einem verstärkten Schaft und verbiegen sich auch bei robusten Stoffen nicht so schnell wie Universalnadeln.

LEDERNADELN

Sie haben eine geschliffene Schneidespitze, mit der man durch Leder, Kunstleder oder ähnliche Materialien stechen kann, ohne auffällige Löcher zu hinterlassen.

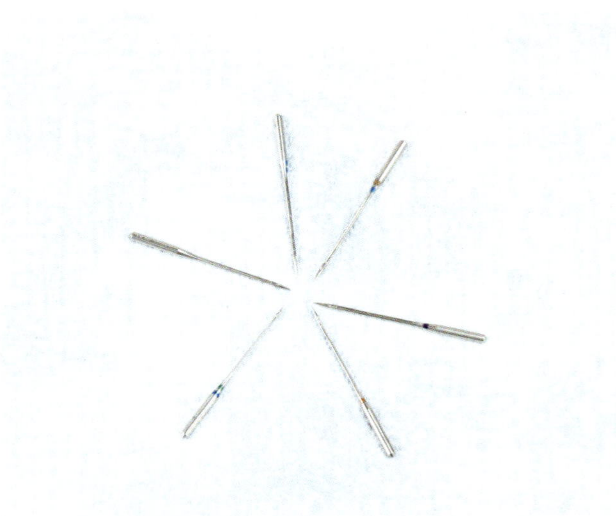

WELCHE NADELSTÄRKE IST DIE RICHTIGE FÜR DEIN PROJEKT?

STOFFTYP	STOFFBEISPIEL	NADELSTÄRKE	STICHLÄNGE
Leichter Stoff	Viskose, Seide	65/9–75/11	1,8–2,5
Mittlere Stärke	Baumwolle, Leinen, Flanell	75/11–90/12	2,5–3
Schwere Stoffe	Jeans, Tweed, Cord, Loden	100/16	2,5–3,5
Stretchstoffe	Jersey, Sweat	75/11–90/14	Elastikstiche

GRUNDSÄTZLICH GILT:
feine Nadeln für feine Stoffe, stärkere Nadeln für schwerere Stoffe.

Exkurs

OVERLOCKMASCHINEN

WIE FUNKTIONIERT EINE OVERLOCKMASCHINE?

Eine Overlockmaschine kann gleichzeitig zwei Stofflagen zusammennähen, die Kanten abschneiden und versäubern. Kleidungsstücke sehen damit aus, wie industriell gefertigt. Sie ist gut geeignet für dehnbare und für leichte und empfindliche Stoffe, wie Seide.

BESONDERHEITEN DER OVERLOCKMASCHINE AUF EINEN BLICK

- Die meisten Modelle haben zwei Greifer- und zwei Nadelfäden für 4-Faden-Overlocknähte.
- Ein eingebautes Messer schneidet die Nahtzugabe beim Nähen automatisch zurück.
- Für Overlockmaschinen gibt es spezielle große Garnrollen, sogenannte Konen.

DIE WICHTIGSTEN OVERLOCKSTICHE

4-FADEN-OVERLOCKSTICH

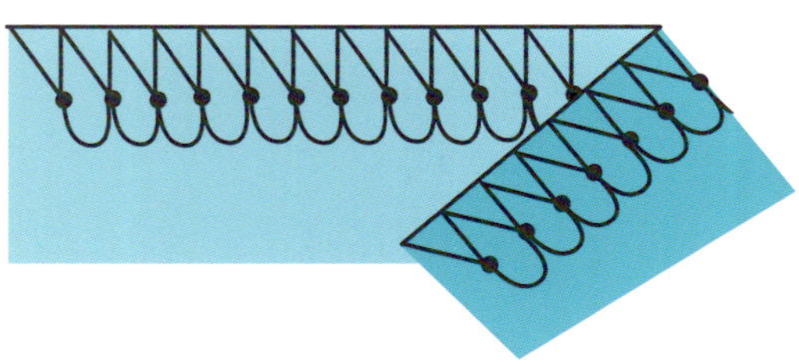

Der Standardstich eignet sich zum Zusammennähen und Versäubern aller Stoffarten, auch für elastische. Es wird mit beiden Greifern und beiden Nadeln genäht.

3-FADEN-OVERLOCKSTICH

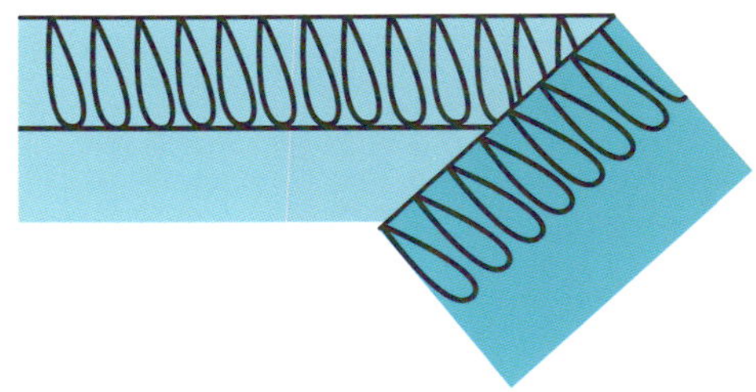

Beim 3-Faden-Overlockstich wird die Kante versäubert und abgeschnitten. Hier ist neben den Greifern nur eine Nadel im Einsatz. Wird die linke Nadel verwendet, ist der Stich breiter, da diese einen größeren Abstand zum Messer hat. Mit der rechten Nadel ergibt sich ein schmalerer Overlockstich, da sie näher am Messer ist. Der Stich eignet sich für alle Stoffarten.

ROLLSAUM

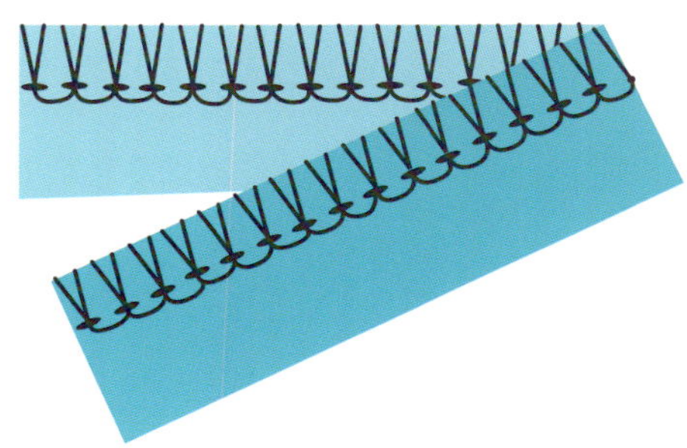

Damit können dünne bis mittelschwere Stoffe dekorativ gesäumt werden. Er eignet sich auch als Kantenabschluss für Seidenschals, T-Shirts und leichte Röcke.

BRAUCHST DU UNBEDINGT EINE OVERLOCKMASCHINE?

Eine Overlockmaschine ist eine perfekte Ergänzung zur Nähmaschine. Eine Investition lohnt sich, wenn du dein Nähhobby weiter vorantreiben und perfekte Kantenabschlüsse haben möchtest. Allerdings lassen sich die meisten Projekte auch ohne eine Overlock nähen man kann die Nahtzugaben nur mit dem Zickzackstich der Nähmaschine versäubern.

Einige Nähmaschinen verfügen bereits über einen „falschen Coverlockstich", mit dem ebenfalls eine professionell aussehende Kante erzeugt werden kann. Mit dieser Funktion lässt sich zwar nicht schneiden, aber ein fester und sauberer Kantenabschluss nähen.

OVERLOCK STATT NÄHMASCHINE?

Eine Overlockmaschine kann zwar zusätzlich zur Nähmaschine den Nähvorgang erleichtern, diese aber nicht komplett ersetzen. Mit einer Overlock kannst du Stoffteile nur auf einfache Weise zusammennähen und Kanten sauber versäubern. Diese kleine Auswahl von wichtigen Techniken verdeutlicht, was eine Overlockmaschine NICHT kann:

- Steppnähte nähen
- Reißverschlüsse einnähen
- Knopflöcher nähen
- Kanten einreihen
- Kanten mit Schrägband einfassen

GARNE GUT,

ALLES GUT

Bei der Auswahl der Garne solltest du von Anfang an auf Qualität achten. Meine ersten Nähversuche unternahm ich mit einem Garnset vom Discounter. Dafür hat es gereicht, trotzdem ärgerte ich mich oft über reißendes Garn während des Nähvorgangs. Den Unterschied merkte ich erst, als ich in bessere Garne investierte.

POLYESTERGARN – DER ALLESNÄHER

Das gängigste Garn ist aus Polyester und wird daher auch als Allesnäher bezeichnet. Es wird in vielen Farben angeboten, schrumpft nicht beim Waschen oder Bügeln und ist reißfest. Man kann es für alle elastischen und unelastischen Stoffe wie Jersey und Jeansstoff, aber auch für Samt und Chiffon verwenden.

BAUMWOLLGARN

Baumwollgarn sollte nur für unelastische Stoffe verwendet werden. Es reißt etwas schneller. Falls du den Plan hast, eine helle Textilie zu nähen und danach selbst zu färben, dann solltest du zum Nähen Baumwollgarn verwenden. Anders als Polyestergarn aus synthetischen Fasern nimmt Baumwolle die Textilfarbe an.

REIHGARN

Reihgarn ist spezielles Garn zum Zusammenheften von Stoffteilen oder zum Markieren von Linien oder Passzeichen in Stoff. Es lässt sich leicht von der Rolle abreißen, damit man schnell einen neuen Faden zur Hand hat. Deshalb kann man es nach dem Maschinennähen auch wieder leicht aus dem Stoff entfernen.

TIPP

DIE PASSENDE GARNFARBE FINDEN

Nimm ein Stoffmuster von deinem Nähprojekt mit zum Garnkauf und wähle eine Garnfarbe, die deinem Stoff am nächsten kommt. Im Zweifelsfall solltest du dich für die etwas dunklere Nuance entscheiden.

Handmaß • Hand gauge • Reglette
prym
TRICKMARKER
Gütermann

DIE STOFFUNTERSTÜTZER

VLIESE UND EINLAGEN

Vliese und Einlagen geben dem Stoff an ausgewählten Partien eines Nähprojektes eine bessere Formstabilität und Festigkeit. Typische Bereiche, die verstärkt werden, sind Knopfleisten, Kragen oder Teile, die stark beansprucht werden, wie Taschen.

DÜNNE VLIESEINLAGE

Sie ist in dehnbarer und nicht dehnbarer Version erhältlich und wird für das Verstärken von Kragen, Knopfleisten, Manschetten, aber auch für Accessoires wie Taschen, Gürtel und Utensilos verwendet.

VOLUMENVLIES

Untergelegtes Volumenvlies macht einen Stoff bauschiger und robuster. Es ist in unterschiedlichen Stärken erhältlich und wird meist für Wintertextilien, Taschen und allgemein für Stepparbeiten verwendet.

THERMOVLIES

Volumenvlies, das warm hält und sehr hitzebeständig ist. Deshalb eignet es sich beispielsweise sehr gut für Topflappen. Es ist nicht aufbügelbar, sondern wird beim Nähen einfach an den Kanten mitgefasst.

BUNDEINLAGE

Bundeinlage eignet sich gut zum Verstärken von schmalen Stoffstreifen, wie Rock- und Hosenbund, sowie für Ärmelmanschetten. Das Vliesband hat vorgestanzte Führungslinien, die besonders praktisch sind, wenn man Taschengurte oder Gürtel näht, weil damit eine gleichmäßige Breite vorgegeben ist.

KANTEN- UND FORMBAND

Kantenband besteht aus einem schmalen Vliesstreifen, mit dem man Bereiche wie Armlöcher oder Schulternähte verstärken kann, die sich leicht ausdehnen. Formband ist ein schräg geschnittenes Vliesband, das sich gut für Rundungen und weiche Kanten eignet.

TIPP

In Schnittmustern ist meist angegeben, welche Art von Einlage du benötigst und an welcher Stelle du sie verwenden musst. Fehlt diese Info, solltest du eine Einlage in einer Stärke wählen, die deinem Stoff am ähnlichsten ist. Vliese und Einlagen gibt es in unterschiedlichen Stärken zum Aufbügeln oder zum Aufnähen. Als Farben stehen meist Schwarz, Dunkelgrau, Weiß und Beige zur Wahl. Wähle bei hellem Stoff eine helle Vliesfarbe und bei dunklen Materialien eine Einlage in Grau oder Schwarz.

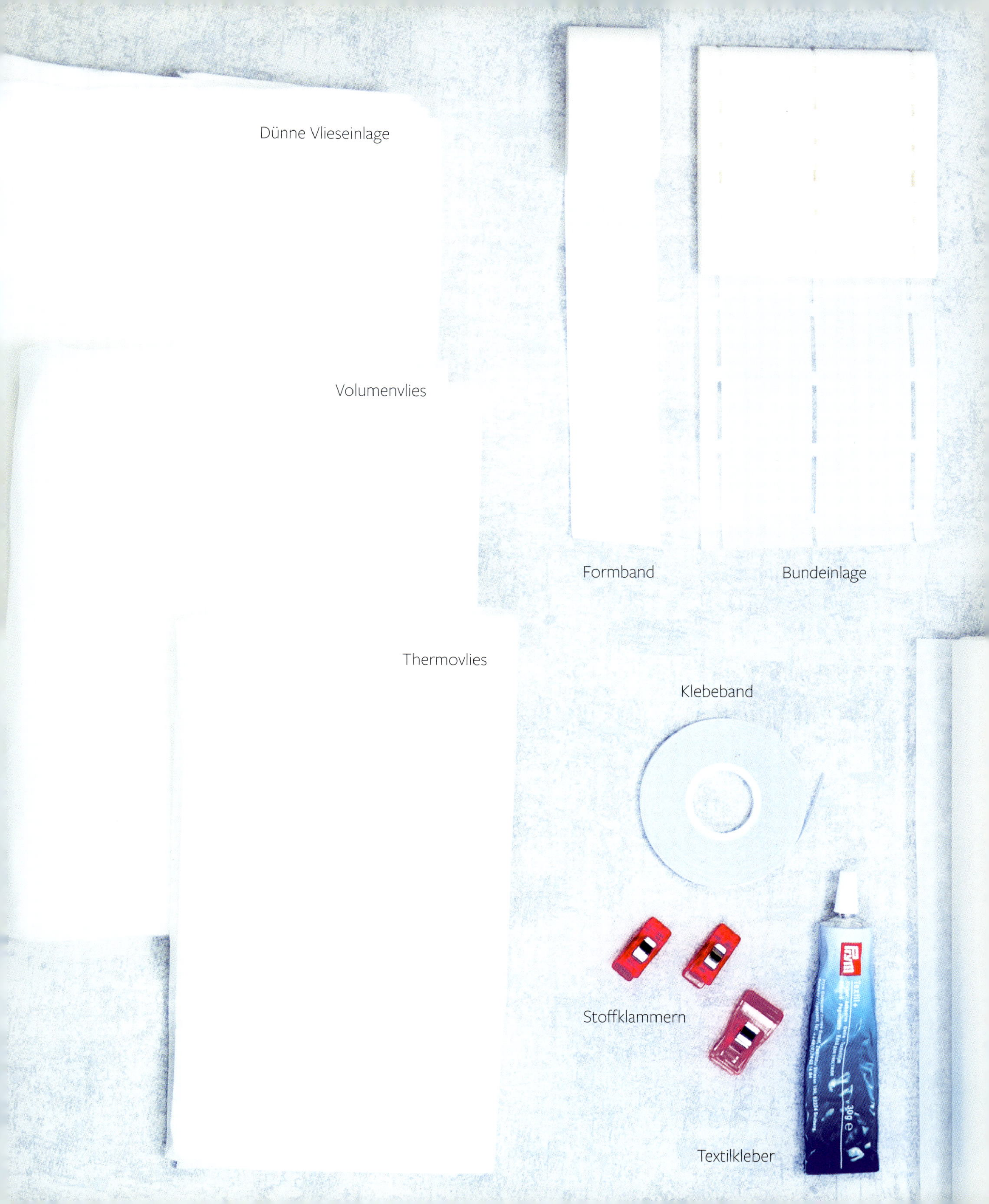
Dünne Vlieseinlage
Volumenvlies
Thermovlies
Formband
Bundeinlage
Klebeband
Stoffklammern
Textilkleber

KLEBER

& CO.

Neben den üblichen Möglichkeiten, Stoff zum Nähen zusammenzuhalten, wie Garn und Nadeln, gibt es noch weitere Helfer, die dich dabei unterstützen können.

DOPPELSEITIGES KLEBEBAND

Mit diesem Klebeband lassen sich zwei Stofflagen oder auch Bänder auf Stoff fixieren. Man kann es gut als Hilfsmittel beim Verarbeiten von Textilien nutzen.

ACHTUNG!

Befestige das Klebeband immer so weit wie möglich neben der Naht, damit du später nicht mit der Nadel hineinstichst. Das hinterlässt Kleberückstände an der Nadel und führt dazu, dass du sie nicht mehr verwenden kannst. Bügle auch nicht darüber, da das Band schmelzen und den Stoff an der Stelle zusammenziehen kann. Nach dem Nähvorgang kannst du das Klebeband einfach wieder ablösen.

TEXTILKLEBER

Auch Textilkleber kann zum Festhalten von Stoffteilen genutzt werden, beispielsweise bei der Anbringung von Applikationen, Bändern und Borten. Wichtig beim Bügeln: Immer zuvor die Gebrauchsanweisung durchlesen und den Kleber an einem Stoffmuster ausprobieren!

STOFFKLAMMERN ODER -KLIPSE

Stoffklammern eignen sich gut, um Materialien zusammenzuhalten, bei denen Stecknadeln Löcher hinterlassen würden, wie etwa bei Leder. Auch zum Fixieren von dickeren Stofflagen sind sie praktisch. Die untere Seite der Klipse ist meist abgeflacht, damit sie beim Nähen problemlos über die Stichplatte gleiten.

COPY CAT

KOPIERMATERIAL

Zum Übertragen von Schnittmustern oder Zeichnen von Motiven für Applikationen brauchst du Papier oder Folie und einen Stift.

TRANSPARENTES KOPIERPAPIER ZUM ABPAUSEN

Transparentes Kopierpapier ist für Anfänger sehr gut geeignet. Man kann es mit Stecknadeln oder Gewichten auf dem Schnittmuster festhalten und mit einem Bleistift die Linien abpausen (siehe Seite 46).

DURCHSICHTIGE FOLIE

Mit durchsichtiger Kopierfolie und einem wasserfesten Stift lassen sich Schnittmuster ebenfalls abpausen.

GEWICHTE ODER STECKNADELN

Damit der Papierschnitt auf dem Stoff nicht verrutscht, muss er darauf fixiert werden. Dazu verwendest du Stecknadeln. Nimm nicht zu viele, sonst wellt sich der Stoff und der Zuschnitt wird ungenau. Alternativ kannst du den Schnitt auch mit Gewichten festhalten. Dafür musst du nicht extra Nähgewichte kaufen – volle Konservendosen erfüllen den gleichen Zweck; oder du befüllst Stiftehalter oder kleine Gläser mit Münzen, Steinchen oder Knöpfen, um sie zu beschweren.

BLEISTIFT ODER WASSERFESTER STIFT

Je nachdem, ob du den Schnitt auf Papier oder Folie überträgst, brauchst du einen der beiden Stifte.

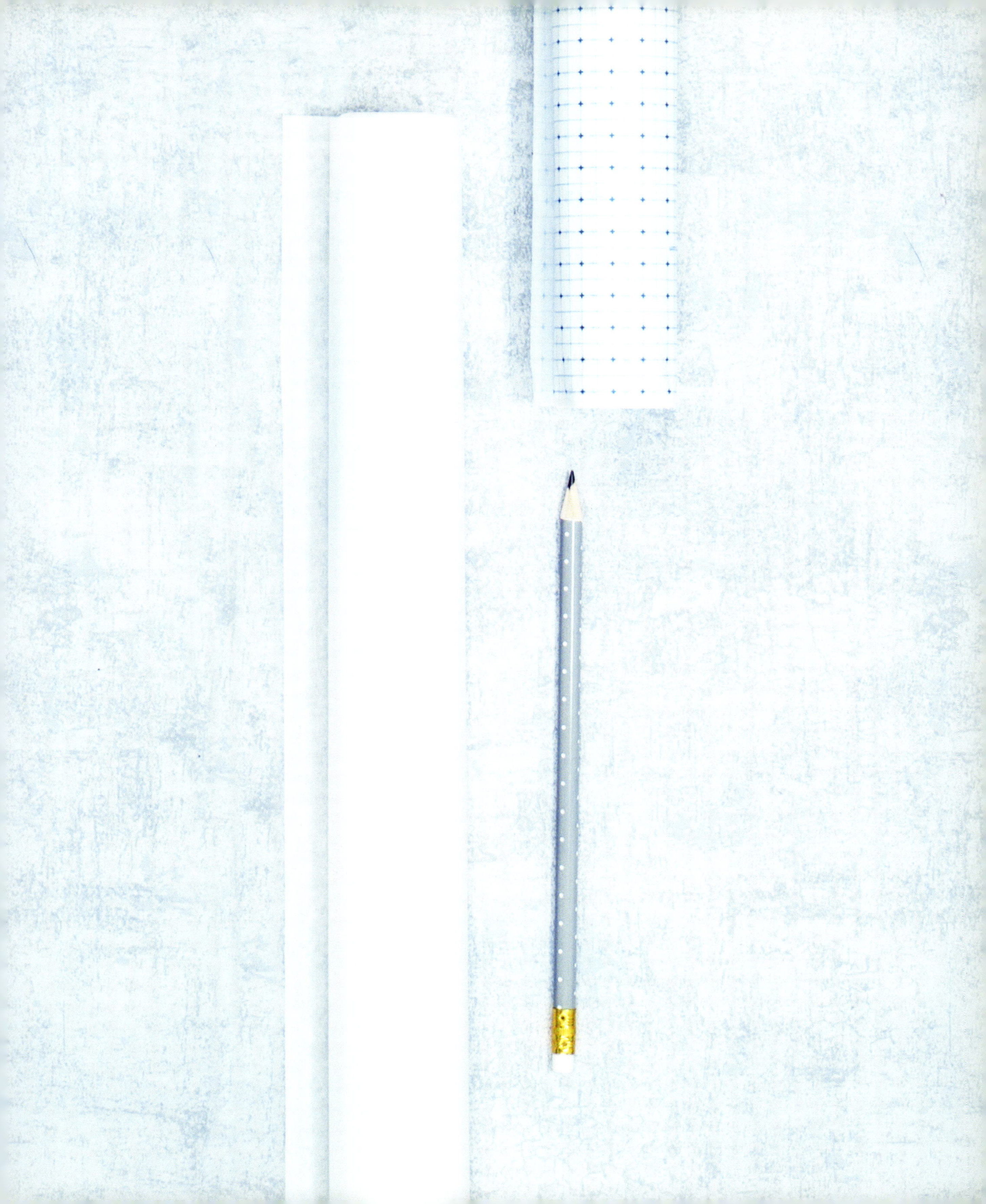

GUT UNTER VERSCHLUSS

REISSVERSCHLÜSSE

Reißverschlüsse sind in unterschiedlichen Ausführungen und Größen erhältlich. Die Zähnchen aus Kunststoff oder Metall sind an einem Webband befestigt.

STANDARDREISSVERSCHLUSS

Dieser Reißverschluss ist nicht teilbar und hat am unteren Ende einen Riegel, bis zu dem er sich öffnen lässt. Er eignet sich gut als Verschluss für Röcke, Hosen und Kleider, aber auch für Taschen, Mäppchen und Kissen.

VERDECKTER REISSVERSCHLUSS

Beim verdeckten Reißverschluss sind die Zähnchen von der Vorderseite des Kleidungsstücks nicht sichtbar. Er wird vor allem für elegante Kleidung verwendet, bei der der Reißverschluss möglichst unauffällig sein soll.

TEILBARER REISSVERSCHLUSS

Der teilbare Reißverschluss hat einen speziellen Mechanismus zum Ein- und Aushaken am Ende und kann so vollständig geöffnet werden. Er ist robuster und etwas dicker als ein Standardreißverschluss und wird vor allem bei Jacken und Mänteln eingesetzt.

KNÖPFE

Angesichts der Fülle an Knöpfen aus Kunststoff, Naturmaterialien und Metall fällt die Auswahl oft schwer. Ein Knopf sollte zum Stoff und zum Stil des Projekts passen. Je nach Befestigungsart unterscheidet man:

LOCHKNÖPFE

Sie haben zwei oder vier Löcher und können von Hand oder mit der Maschine angenäht werden. Manche Modelle haben dafür einen speziellen Nähfuß. Lochknöpfe werden mit einem kleinen „Stiel“ angenäht, damit sie später bequem im Knopfloch sitzen.

ÖSENKNÖPFE

Sie verfügen bereits über einen „Abstandshalter“ in Form einer Öse auf der Unterseite. Es gibt auch Ösenknöpfe zum Beziehen mit Stoff.

JEANSKNÖPFE

Sie bestehen aus einem Knopf und einem sogenannten Dorn auf der Unterseite. Beide Teile werden mit einem Hammer am Kleidungsstück zusammengeklopft. Sie eignen sich für alle schweren Materialien.

DRUCKKNÖPFE

Druckknöpfe gibt es zum Annähen und als Nähfrei-Variante. Letztere werden mit einem speziellen Werkzeug in den Stoff gestanzt. Druckknöpfe zum Annähen haben meist vier Lochaussparungen, durch die sie auf dem Stoff befestigt werden.

ÖSEN

Sie lassen sich gut für Schnürverschlüsse nutzen, wie an Taschen oder an Bekleidung. Große Ösen kann man auch für Vorhänge verwenden.

MAGNETVERSCHLÜSSE

Gibt es in verschiedenen Größen, sie eignen sich gut für Taschen, Mappen und Geldbörsen. Sie lassen sich ohne Werkzeug leicht anbringen.

KLETTVERSCHLÜSSE

Klettband ist in verschiedenen Breiten erhältlich. Es kann knappkantig aufgenäht oder -geklebt werden.

ZIER DICH

BORTEN UND BÄNDER

Mit Borten und Bändern kannst du individuelle Statements setzen – die Auswahl an dekorativem Material ist geradezu schwindelerregend. Man kann sie an Stoffkanten nähen, in der Naht mitfassen oder als Zugband für einen Tunnelzug nutzen.

SCHRÄGBAND

Schrägband kann zum Einfassen von offenen Kanten verwendet werden, wie für Decken, Topflappen oder Schürzen. Durch den schrägen Fadenlauf ist es leicht dehnbar und lässt sich einfach um Rundungen legen. Schrägband anzunähen erfordert etwas Übung.

ZIERBORTEN

Quastenborten, Pomponborten, Zackenlitze ... es gibt unzählige dekorative Bänder, die sich vielseitig verwenden lassen und deinen Nähprojekten eine ganz besondere Note verleihen können.

PASPELBAND

Auch Keder genannt, kann man selbst herstellen oder als fertiges Paspelband kaufen. Es wird an der Kante zwischen zwei Stofflagen festgenäht und dient als dekorativer Abschluss z. B. an Kissen oder Kragen.

SATINBÄNDER UND KORDELN

Bänder und Kordeln können aufgenäht werden und für schöne Akzente sorgen oder auch, in einen Tunnelzug eingezogen, als Bindeband dienen.

ELASTISCHE BÄNDER

Neben einfachen Gummibändern zum Einnähen in einen Bund oder zum Einziehen in einen Tunnel gibt es eine große Auswahl von hübschen Elastikbändern in vielen Farben und Mustern. Sie eignen sich perfekt als sichtbarer Bund oder als elastische Verschlussleiste.

TIPP

Achte bei der Auswahl darauf, dass die Borte in puncto Material- und Pflegeeigenschaft zu deinem Stoff passt. Eine schwarze Borte verfärbt beim Waschen gern mal ein weißes Kissen ...

SO VIEL STOFF –

SO WENIG ZEIT

Wenn du gern nähst, wird dich früher oder später auch die große Stoffliebe packen. Ein wesentliches Begleitsymptom des Nähvirus ist nämlich der gemeine Stoffrausch. Es gibt so viele wunderbare Materialien, da fällt es schwer, sich zurückzuhalten.

Hast du Lust, ein bisschen mehr über Stoffe zu erfahren? Wer sich ein wenig auskennt, wird sich nicht einfach kopflos in den Stoffkauf stürzen.

UNTERSCHIEDE WEB- UND MASCHENWARE

Stoffe werden bei der Herstellung meist gewebt oder gestrickt.

WEBWARE

Gewebte Stoffe bestehen aus vertikal und horizontal verlaufenden, ineinander verwebten Fäden. Dabei werden die senkrecht verlaufenden Fäden als Kettfäden und die waagerecht verlaufenden als Schussfäden bezeichnet. Der fertige Stoff hat eine feste Webkante, die an den Längskanten der Stoffbahn verläuft und parallel zu den Kettfäden liegt. Durch diese Herstellungstechnik erhält man ein Gewebe, das nicht dehnbar ist (außer, es enthält einen Elasthanfaden).

MASCHENWARE

Bei Maschenware, wie etwa Jersey, wird ein fortlaufender Faden zu Schlingen geformt, die miteinander verbunden werden. Dadurch ist Maschenware im Gegensatz zu Webware, je nach Herstellungstechnik, mehr oder weniger dehnbar.

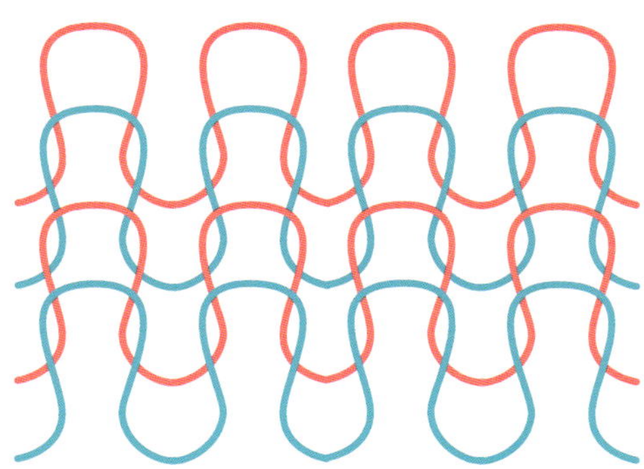

WAS IST DENN DA DRIN?

FASERN IM STOFF

Wenn ich einen Stoff kaufe, achte ich auf die Fasern, aus denen er hergestellt wurde, denn davon hängt es ab, wie sich das Material anfühlt oder verarbeiten lässt. Stoffe können aus Natur-, Kunstfasern oder aus einem Mix bestehen.

DIE GÄNGIGSTEN FASERN UND IHRE VERWENDUNG

	STOFFFASER	GEWINNUNG UND VERWENDUNG	EIGENSCHAFTEN	BEISPIELE STOFFARTEN/VERWENDUNG
NATURFASERN	**BAUMWOLLE**	Wird gewonnen aus der faserigen Samenkapsel der Baumwollpflanze. Einer der wichtigsten und beliebtesten Rohstoffe der Textilindustrie, da er vielseitig verwendbar ist. Er wird gern mit anderen Fasern, wie z. B. Polyester oder Viskose gemischt.	saugfähig und atmungsaktiv lässt sich sehr angenehm tragen sehr pflegeleicht und strapazierfähig neigt dazu, einzulaufen	Batist, Nesselstoff, Denim, Cord, Jersey, Flanell, Gabardine, Möbelstrukturstoff Heimtextilien und Bekleidung
	LEINEN	Aus der Flachsfaser der Flachspflanze gewonnen, zählt Leinen zu den ältesten textilen Rohstoffen der Welt.	kühlend sehr saugfähig und atmungsaktiv neigt schnell zum Knittern	Kleider- und Anzugleinen, Taschentuchleinen (eher feines Leinen) Sommerkleidung, Geschirrtücher, Bettwäsche
	WOLLE	Die gängigste Art, Wolle zu gewinnen, geschieht durch das Scheren von Schafen. Aber auch andere feine Tierhaare werden verwendet.	atmungsaktiv sehr saugfähig schmutzunempfindlich wärmend	Flanell, Tweed, Bouclé Winterkleidung, Pullover, Mützen, Wohntextilien
CHEMIEFASERN	**POLYESTER**	Die Herstellung von Polyesterstoff erfolgt durch synthetisch hergestellte Fasern, die gesponnen und anschließend zu Stoff verarbeitet werden. Polyester wird vielseitig verwendet.	strapazierfähig weich und geschmeidig sehr pflegeleicht nimmt wenig Feuchtigkeit auf	Satin, Crêpe de Chine, Futterstoffe, Möbelstrukturstoff Kleidung, Füllmaterial, Wohntextilien
	VISKOSE	Viskose besteht aus Zellulosefasern, die natürlichen Fasern sehr stark ähneln. Aufgrund seiner Beschaffenheit wird Viskose auch Kunstseide genannt.	angenehm kühl auf der Haut	Futterstoff, Crêpe de Chine Sommerbekleidung
	ACRYL	Acryl ist eine wollartige Kunstfaser, die sich weich anfühlt.	knitterfrei und wärmt nimmt wenig Feuchtigkeit auf sehr strapazierfähig	Strickwaren, Filz Pullover, Sportbekleidung

Achte beim Einkauf auf die Information am Stoffballen, welche Fasern enthalten sind.

ABENTEUER
STOFFKAUF

Aufregend! Der erste Besuch in einem Stoffladen kann beeindruckend und zugleich etwas überfordernd sein. All diese Stoffballen und die Kunden, die alle wie Profis wirken ... Muster werden begutachtet, es wird konzentriert zugeschnitten.

DU HAST NUN ZWEI OPTIONEN

Du gibst dich bei der Auswahl, ohne dich genauer zu informieren, komplett dem Stoffrausch hin und verwendest dein ganzes Budget für die schönsten Stoffe.

Oder, im Idealfall:

Du schnappst dir mit deinem Merkzettel einen Mitarbeiter und lässt dich zu deinem Nähprojekt beraten. Du gibst dich als absoluter Anfänger zu erkennen.

WAS DU IN JEDEM GUTEN STOFFLADEN AUF JEDEN FALL TUN DARFST

Stoffe begutachten: Schau dir die verschiedenen Materialien genau an, damit du ein Gespür dafür bekommst.

Stoffe anfassen: Prüfe, ob sich der Stoff angenehm auf der Haut anfühlt, du kannst eine Ecke zusammenknüllen, um zu testen, wie stark er knittert. Achte auch darauf, wie elastisch der Stoff ist und ob er ausbeult.

TIPPS ZUR ERSTEN STOFFWAHL

Wenn du beim Nähen alles richtig gemacht hast, dein Ergebnis aber ganz anders aussieht als in deiner Vorstellung, kann das sehr viel mit der Stoffwahl zu tun haben. Solche Erlebnisse gehören zum Lernprozess und auch erfahrene Hobbynäher sind manchmal vor Überraschungen nicht sicher.
Wenn du nach all der Vorbereitung doch den Drang verspürst, einen Stoff einfach zu kaufen, weil er so schön ist, tu es.

Hier ein paar Tipps zur Stoffwahl, damit du dein erstes Projekt nicht direkt in die Ecke pfefferst:

- Der Stoff sollte nicht allzu teuer sein, damit du dich nicht ärgerst, wenn du Fehler machst. Viele Stoffläden haben eine Ecke mit günstigen Resten, die sich als wahre Schätze entpuppen können.

- Starte mit gewebten Stoffen anstatt mit Strickstoffen wie Jersey. Das elastische Material ist kniffliger zu verarbeiten als Webware. Auch die Schnitte in diesem Buch sind für gewebte Stoffe entwickelt.

- In den Schnittmustern sind meist bestimmte Stoffarten empfohlen. Die Schnitte sind auf die Eigenschaften der verschiedenen Stoffe abgestimmt.

- Nimm die Nähanleitung mit zum Stoffladen (oder fotografiere sie ab) und lass dich beraten, welche Stoffe infrage kommen und wie viel du benötigst.

- Unifarben vs. bunte Muster: Nimm anfangs nicht unbedingt Streifen oder Karos – bei Stoffen mit wilden Mustern fallen schiefe Nähte nicht so schnell auf.

STOFFE ZU HAUSE AUFBEWAHREN

Fein säuberlich gefaltet und farblich ins Regal sortiert, sind Stoffe hübsch anzusehen. Diese Methode ist noch praktischer: Falte oder rolle jeden Stoff zusammen und lege ihn hochkant in eine Deckelbox, dann hast du einen guten Überblick und kannst ein Stück schnell herausnehmen. So sind die Stoffe auch gleichzeitig vor Staub und Licht geschützt.

STOFF VORBEREITEN

Du willst mit deinem tollen neuen Stoff sicher direkt losnähen. Ihn erst einmal eine Runde in der Waschmaschine drehen zu lassen klingt nicht besonders motivierend. Und dann muss er später auch noch gebügelt werden. Hmm. „Muss ich das denn wirklich machen?“, hör ich dich fragen. Ja. Vorwaschen und Bügeln gehören dazu.

WASCH MICH!

SCHUTZ VOR EINLAUFEN

Vor allem Baumwollstoffe gehen beim Waschen gern ein. Wäschst du den Stoff vor dem Nähen, arbeitest du mit der bereits geschrumpften Größe und musst dir später keine Gedanken mehr darüber machen, dass das gute Stück nach dem Waschen zu klein geworden ist.

ÜBERPRÜFUNG DER FARBECHTHEIT

Auch bei sorgfältiger Auswahl der Stoffe kann es passieren, dass ein Material beim Waschen die Farbe verliert oder verändert. Das ist ärgerlich. Aber noch viel ärgerlicher ist es, wenn ein fertiges Teil, in das du viel Arbeit gesteckt hast, nach der ersten Wäsche sprichwörtlich verwaschen ist.

HYGIENE

Weißt du, wo der Stoff vorher überall war? Auch wenn der Laden, in dem du den Stoff gekauft hast, ganz sauber aussieht, weiß man nicht, wo die Stoffballen vorher gelagert wurden. Auch bei online gekauftem Stoff kennst du die Lagerbedingungen nicht. Wühltische und Märkte sind nicht die hygienischsten Lagerplätze für Stoff. Hinzu kommt, dass viele Stoffe chemisch behandelt werden, um sie z. B. vor Motten zu schützen. Gerade bei Kleidung, die meist direkt auf der Haut getragen wird, hat man ein besseres Gefühl, wenn man mögliche Schadstoffe durch Waschen bereinigt hat.

TIPP

Die Stoffe werden am besten bei der Temperatur gewaschen, die später auch für die fertigen Kleidungsstücke gilt. Erkundige dich beim Einkauf im Stoffladen nach der richtigen Waschtemperatur. Wolle solltest du nur vorsichtig im Handwaschgang reinigen.

„Aber wenn ich eine Tasche oder ein Kissen nähe, dann komme ich damit doch nicht so unmittelbar in Berührung?“ Doch, du bearbeitest den Stoff mit den Händen. Eventuelle Schadstoffe kommen direkt bei der Verarbeitung mit ihnen in Verbindung und werden aufgenommen oder weitergetragen.

»OBST UND GEMÜSE WÄSCHST DU VOR DEM ZUBEREITEN AUCH. MACH ES GENAUSO MIT DEINEM STOFF!«

GUT GEBÜGELT IST HALB GENÄHT

Bügeln gehört zu einem Nähprojekt wie die Luft zum Atmen. Punkt. Und zwar nicht nur vorbereitend zu Beginn, sondern auch nach Abschluss einer Naht UND am Ende. Das hat nichts mit einem lästigen Berg Bügelwäsche zu tun. Ich habe erst durch das Nähen meine Liebe zum Bügeln entdeckt, weil dabei sofort Ergebnisse sichtbar werden.

WARUM BÜGELN SO WICHTIG IST

- Nach dem Waschen ist der Stoff zerknittert. Jetzt einfach mit dem Zuschnitt zu beginnen würde zu sehr ungenauen Ergebnissen führen. Wenn der Stoff glatt liegt, kannst du die Schnittteile präzise zuschneiden.
- Beim Bügeln kann es vorkommen, dass ein Stoff sich verzieht oder eingeht, deswegen solltest du schon VOR dem Zuschneiden den Stoff sorgfältig bügeln. Es ist ärgerlich, wenn Schnittteile plötzlich nicht mehr zueinander passen, weil sie sich im Nachhinein verzogen haben.
- Mit dem Bügeln von fertigen Nähten bereitest du dein Projekt auf die nächste Naht vor, so bringst du es sprichwörtlich in Form.
- Unschöne Wellen, kleine Falten und Fehler können vorsichtig weggebügelt werden.
- Bügle dein Projekt zum Schluss noch einmal komplett, damit es professionell aussieht.

SO BÜGELST DU RICHTIG

- Passe die Einstellung des Bügeleisens an die Stoffart und die Faserzusammensetzung an.
- Stoffe mit viel Polyesteranteil können schmelzen und benötigen weniger Hitze als z. B. Baumwolle.
- Bügle zuerst einen Stoffrest und passe die Einstellung des Bügeleisens ggf. an.
- Bügle den Stoff immer von der linken Seite, um Glanzstellen zu vermeiden, oder schütze die rechte Seite mit einem dünnen Baumwolltuch.
- Falls der Stoff doppelt liegt, solltest du nie über den Stoffbruch in der Mitte bügeln, er wird sich später nicht mehr entfernen lassen und ergibt möglicherweise eine unerwünschte Bügelfalte.
- Bügle jede fertige Naht flach und die Nahtzugaben danach auseinander, bevor du eine weitere Naht über Kreuz anschließt. Das verhindert, dass die Nahtzugabe beim Nähvorgang umklappt.
- Setze das Bügeleisen nicht zu fest auf die Naht, weil sie sich sonst auf der Vorderseite durchdrücken könnte. Es reicht, nur mit der Spitze des Bügeleisens vorsichtig über die Nähte zu gleiten.
- Bügle am fertigen Projekt vorsichtig Nähte, Säume und Ecken flach.

– KAPITEL 3 –

LÄUFT JA WIE ZUGESCHNITTEN

SCHNITTMUSTER KOPIEREN UND STOFFE ZUSCHNEIDEN

Jetzt kann ich es dir ja verraten: Nähen besteht eigentlich nur zu einem Viertel aus der eigentlichen Arbeit an der Nähmaschine, der Rest ist Stoffwahl, Vorbereitung und Zuschnitt. All diese Tätigkeiten zusammen machen das Nähen zu einem abwechslungsreichen Hobby, in das man sich stundenlang vertiefen kann.

Ich erkläre dir auf den nächsten Seiten alles, was du am Anfang über Schnittmuster, Stoffzuschnitt & Co. wissen musst, damit du sorglos starten kannst.

SCHNITTMUSTER VERSTEHEN

Ein Schnittmuster ist die gezeichnete Vorlage für das Nähprojekt in Originalgröße. Es besteht meist aus Papier und ist die flache Abbildung eines dreidimensionalen Objektes – wie etwa einer Tasche.

Das Schnittmuster enthält alle Schnittteile, die kopiert oder, bei einem Fertigschnitt, direkt ausgeschnitten werden. Man muss lediglich die Nahtzugabe am Rand zugeben oder abziehen, je nach Schnittmuster. Anschließend schneidet man die Teile aus Stoff zu und näht sie passend zusammen.

Schnittmuster findest du in Nähmagazinen und Büchern, Fertigschnitte sind im Stoffladen oder online erhältlich, manche kann man gleich herunterladen, ausdrucken und zusammenkleben.

Such dir für den Start Modelle aus, die für Anfänger geeignet sind. Die Schnittmusteranleitung erklärt genau, wie du vorgehen musst.

Die Ausführlichkeit der Anleitung richtet sich immer nach den jeweiligen Marken und der Zielgruppe des Anbieters.

WELCHE INFORMATIONEN ENTHÄLT EIN SCHNITTMUSTER?

Einem guten Schnittmuster sind alle Informationen beigelegt, die du für dein Nähprojekt benötigst:

- Eine Anleitung mit einzelnen Arbeitsschritten
- Eine Stoffempfehlung für das jeweilige Projekt. Diese solltest du unbedingt berücksichtigen, weil der Näherfolg stark davon abhängt.
- Eine Angabe zur benötigten Stoffmenge, zum „Stoffverbrauch“
- Angaben zur Nahtzugabe, zur Anzahl der Schnittteile und wichtige Markierungen sowie Passzeichen für den Zuschnitt
- Schnittmuster für Kleidungsstücke enthalten eine Maßtabelle, die du unbedingt mit deinen Maßen abgleichen solltest. Wähle dann die Größe, die deinen Maßen am nächsten kommt.

ZEICHEN UND ABKÜRZUNGEN

AUF SCHNITTMUSTERN

Papierschnitte enthalten wichtige Zeichen, die dir später dabei helfen, dein Projekt richtig zusammenzunähen. Es ist sehr wichtig, alle Zeichen auf den Papierschnitt und anschließend beim Zuschnitt auch auf den Stoff zu übertragen.

FADENLAUFPFEIL →

Die Richtung des Fadenlaufs auf dem Schnittmuster muss mit dem tatsächlichen Fadenlauf des Stoffes übereinstimmen. Dieser Pfeil muss in der Regel parallel zur Webkante und zum Stoffbruch verlaufen. Mehr zu diesen Begriffen findest du auf Seite 48.

KNIPSE BZW. PASSZEICHEN —

Sie zeigen dir die Stellen, an denen zwei Teile, die zusammengenäht werden, übereinstimmen müssen.

KNOPFLOCH

Eine Linie mit kurzen Querstrichen zeigt die Stelle, an der später ein Knopfloch genäht werden soll.

KNOPF/VERSCHLUSS ○

Ein kleiner Kreis oder Ähnliches zeigt an, wo ein Knopf oder Verschluss angebracht werden soll.

Exkurs

BEI SCHNITTMUSTERN FÜR BEKLEIDUNG

ABNÄHER

Der Abnäher ist dafür da, um an Rundungen, wie Brust, Bauch oder Hüfte, Stoff zu reduzieren, um das Kleidungsstück dem Körper anzuformen. Der Stoff wird am markierten Dreieck zur Mitte gelegt und vom breiten Schenkel beginnend bis zur Abnäherspitze genäht.

HM/RM

Hintere bzw. rückwärtige Mitte eines Kleidungsstücks

VM

Vordere Mitte eines Kleidungsstücks

LEGENDE MIT GRÖSSENLINIEN

Ein Schnittmuster ist meist für mehrere Größen verfügbar. Die unterschiedlichen Größen werden durch unterschiedliche Linien (z. B. gewellt oder gestrichelt) oder auch Farben angezeigt. Die Legende gibt Auskunft darüber, welche Linie welcher Größe entspricht.

SCHNITTMUSTER

ABPAUSEN

Nur Fertigschnittmuster werden direkt aus einem fertigen Bogen ausgeschnitten. Nähmagazine und Nähbücher enthalten Schnittmusterbogen mit übereinander-gezeichneten Schnittteilen. Jedes Teil wird einzeln abgepaust und ausgeschnitten.

In diesem Buch sind Nahtzugaben von 1cm enthalten, sodass du zum Abpausen nur die folgenden Schritte beachten musst. Arbeitest du mit anderen Schnittmustern ohne Nahtzugabe, beachte nach Schritt 4 bitte den Exkurs auf der nächsten Seite.

SCHNITTTEILE ABPAUSEN

1. Schneide Papier von der Rolle großzügig für alle abzupausenden Schnittteile gemeinsam ab oder verwende für jedes Schnittteil ein eigenes Papierstück.

2. Suche die zugehörigen Schnittteile auf dem Schnittbogen und lege das Papier auf das erste Teil. Du kannst das Papier auf dem Schnittmuster feststecken oder mit Gewichten beschweren.

3. Pause die Linien des Schnittteils ab und vergiss nicht, alle Zeichen und Anweisungen zu übertragen.

4. Übertrage die weiteren Schnittteile mit einem kleinen Schneideabstand zueinander auf das Papier. Schneide die Teile mit einer Papierschere genau entlang der Linie aus.

GUT ZU WISSEN

Manchmal ist in der Schnittmusteranleitung ein Teil angegeben, das sich nicht auf dem Schnittbogen befindet, wie ein Rechteck für Bündchen. Zeichne auch dieses auf Papier auf.

Auch wenn manche Schnittteile auf einem Bogen überlappend aufgedruckt sind – beim Abpausen musst du sie einzeln kopieren, denn du willst sie ja auch einzeln ausschneiden.

Exkurs

NAHTZUGABE EINZEICHNEN

WAS IST ÜBERHAUPT DIE NAHTZUGABE?

Wenn man Stoffteile zusammennäht, muss man das mit einem kleinen Abstand zur Schnittkante machen, da sonst der Stoff ausfransen würde. Diesen Abstand nennt man Nahtzugabe. Die Strecke von der Nadel zur Schnittkante soll möglichst gleichmäßig breit sein.

Die Nahtzugabe ist also der Randstreifen, der dazu dient, die Schnittteile zusammenzunähen. In den Schnittmustern und Anleitungen ist immer angegeben, ob der Schnitt bereits eine Nahtzugabe enthält oder du diese noch hinzufügen musst. Wenn die Nahtzugabe im Schnittmuster enthalten ist, ist auch deren Breite angegeben. Ist die Zugabe nicht enthalten, musst du sie zusätzlich rings um das Schnittteil herumzeichnen.

UND SO GEHT'S

BEISPIEL:

Du möchtest eine Nahtzugabe von 1 cm einzeichnen. Pause zunächst die Schnittteile ab (siehe Seite 46).

1. Lege ein Handmaß an der Konturlinie des Schnittteils an, und zwar so, dass die Schmalseite des Maßes 1 cm über die Kante ragt. Zeichne an dieser Stelle eine kurze Linie. Lege das Handmaß ein paar Zentimeter daneben an, zeichne wieder den Abstand von 1 cm zur Kante. Diesen Vorgang wiederholst du nach und nach. Den Abstand zwischen den Linien kannst du variieren, je nachdem, wie sicher du beim Zuschneiden bist.

2. Enthält dein Schnittmuster auf einer Seite eine Markierung für den Stoffbruch, musst du an dieser Seite keine Nahtzugabe einzeichnen.

3. Wenn du die Nahtzugabe ringsherum markiert hast, kannst du an dieser äußeren Linie das Schnittmuster ausschneiden. Es enthält jetzt 1 cm Nahtzugabe.

1.

2.

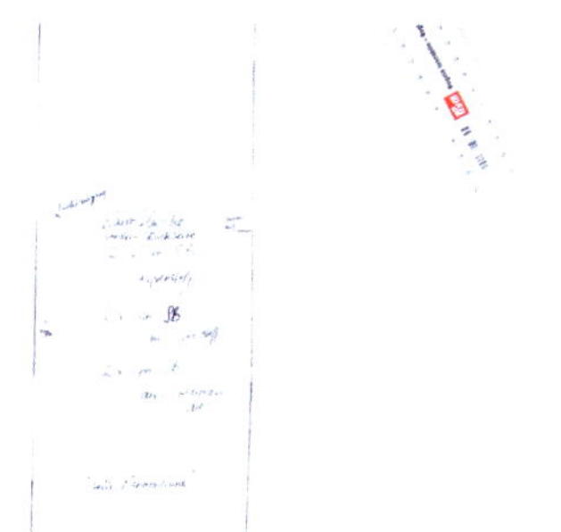

3.

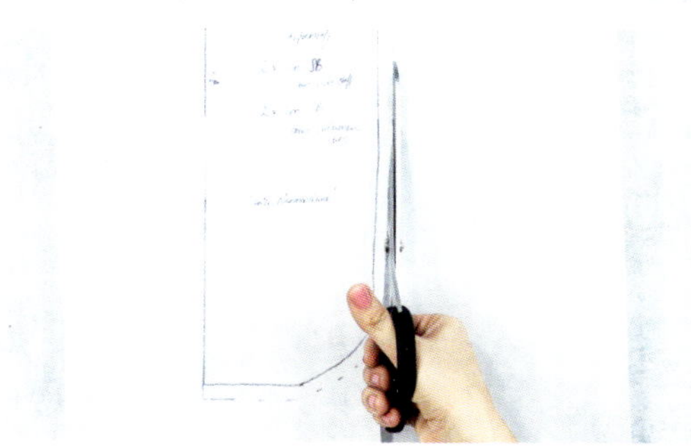

STOFF

ZUSCHNEIDEN

Du benötigst eine saubere freie Auflagefläche, auf der du den Stoff und das Papier so ausbreiten kannst, dass nichts verrutscht. Normalerweise reicht ein Tisch zum Zuschneiden – eine große Menge Stoff kannst du auch auf dem Fußboden ausbreiten.

Am besten schneidest du die Teile in einem Arbeitsgang zu, dann hast du den Tisch bald wieder frei.

WIE BREITEST DU DEN STOFF AUF DEM TISCH AUS?

Falte den Stoff mit der linken Seite außen in der Mitte, sodass die Webkanten genau aufeinander liegen (dann liegt er im Stoffbruch). Lege ihn flach auf den Tisch.

ABER WAS SIND ÜBERHAUPT DIE WEBKANTE UND DER STOFFBRUCH?

Die Stoffbreite hängt von der Breite des Webstuhls ab, auf dem er gewebt wurde. Die Webkanten verlaufen außen entlang der Stoffbahn, im Gegensatz dazu haben die beiden restlichen Kanten fransige Ränder, da sie dort abgeschnitten wurden. Um die breiten Stoffe besser aufbewahren und transportieren zu können, werden die Bahnen in der Mitte zusammengelegt, sodass die Webkanten aufeinanderliegen. Der Bruch, der dabei entsteht, ist der Stoffbruch.

WELCHE STOFFSEITE VERWENDEN?

Die rechte Seite eines Stoffes ist die, die später zu sehen sein wird, also die „schöne" Seite. Die linke Seite ist die Rückseite des Stoffes. Bei bedruckten Stoffen ist oft die Rückseite blasser und somit leicht erkennbar.

> Wenn es nicht eindeutig ist, welches die rechte Stoffseite ist, nimm einfach die, die dir am besten gefällt!

> **ACHTUNG!**
> Falls der Stoff ein regelmäßiges Muster hat, solltest du versuchen, ihn für den Zuschnitt so zu falten, dass das Muster symmetrisch liegt.

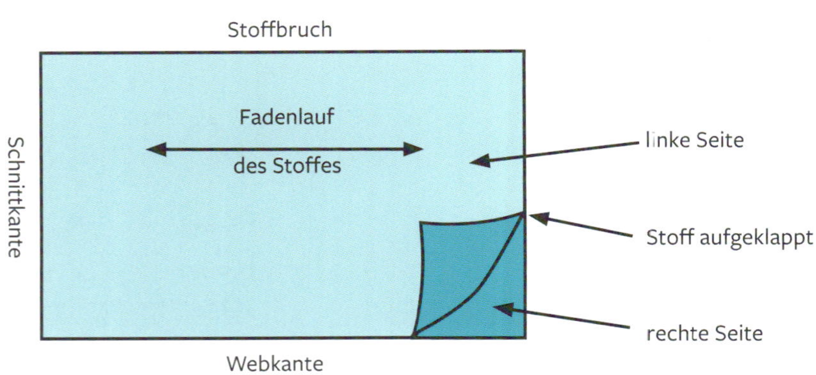

SCHNITTVORLAGEN

RICHTIG AUFLEGEN

Lege nun die einzelnen Schnittvorlagen, die du aus Papier ausgeschnitten hast, nach der Schnittmusteranleitung auf den Stoff auf. Dabei solltest du einige Details beachten, die du nach ein paarmal Üben wie im Schlaf beherrschen wirst.

Muss das Schnittteil im Stoffbruch zugeschnitten werden, lege es mit der entsprechenden Kante an den Stoffbruch. Wenn du Schnittteile im Stoffbruch zuschneidest, werden sie symmetrisch und damit doppelt so groß wie das Schnittteil aus Papier. **(BILD A)**

Andere Schnittteile legst du im Fadenlauf auf, das bedeutet, dass der Pfeil des Fadenlaufs parallel zur Webkante und zum Stoffbruch verläuft. Somit folgt er den Kettfäden und dem tatsächlichen Fadenlauf. **(BILD B)**

Lege alle Schnittteile mit einigen Zentimetern Abstand zueinander auf den Stoff und stecke sie entweder mit einigen wenigen Stecknadeln fest (aber so, dass er sich dabei nicht wellt!) oder lege Gewichte darauf.

Schneide alle Teile entlang der Konturen zu (beachte dazu die Tipps auf Seite 48).

DIE WICHTIGSTEN DETAILS:

- Da der Stoff doppelt liegt, werden alle Schnittteile, die du auf den Stoff auflegst, automatisch gespiegelt und doppelt zugeschnitten. Das spart Zeit, wenn du Schnittteile zweimal benötigst.
- Schneide jedes Schnittteil so oft zu, wie es auf der Schnittvorlage angegeben ist.
- Spare die Webkante beim Zuschneiden aus, sie ist meist etwas dicker und anders strukturiert.
- Achte bei Mustern und Motiven darauf, dass du die Schnittvorlagen so auflegst, dass sie alle in die gewünschte Richtung zeigen. Es sei denn, du magst Muster, die auf dem Kopf stehen …

A

B

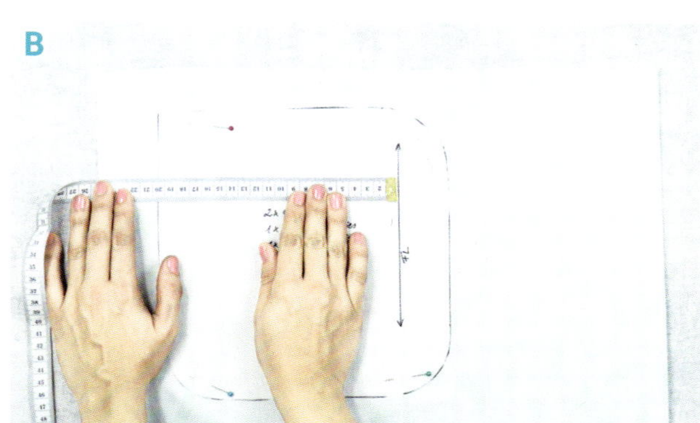

SCHERE

RICHTIG HALTEN

Fürs genaue Zuschneiden ist es wichtig, dass der Stoff auf dem Tisch liegt und nicht angehoben wird, damit sich das Material nicht verschiebt und du ungenau schneidest.

Nimm die Schere in die Hand und lege deine freie Hand flach und ruhig auf den Stoff. Lege die Schere an den Rand des Stoffes und halte das untere Scherenblatt flach auf dem Tisch. Der Stoff sollte so wenig wie möglich angehoben werden, da du sonst ungenau schneidest. Auch wenn es dir ungewohnt vorkommen mag – du wirst bald so exakt wie ein Profi schneiden.

SCHNEIDEN MIT DEM ROLLSCHNEIDER

Wenn du längere Zeit nähst, wirst du dir vielleicht einmal einen Rollschneider zulegen. Er hat eine sehr scharfe, auswechselbare Klinge und sollte daher nur auf einer Schneidematte verwendet werden, damit die Arbeitsfläche nicht beschädigt wird. Rollschneider eignen sich perfekt für den Zuschnitt von dünnen und rutschigen Stoffen sowie für Patchworkarbeiten, bei denen es auf Millimetergenauigkeit ankommt.

TIPP

Die Investition in eine Stoffschere lohnt sich, denn bei diesem Werkzeug kann man nicht mit Alternativen (wie einer Papierschere) improvisieren. Achte darauf, dass deine Schere scharf ist, sonst nützen dir all die Tipps nichts. Eine gute Stoffschere kann man auch nachschleifen lassen. Und falls sie nicht leichtgängig genug ist, kannst du sie an der Befestigungsschraube lockerer einstellen.

RICHTIG

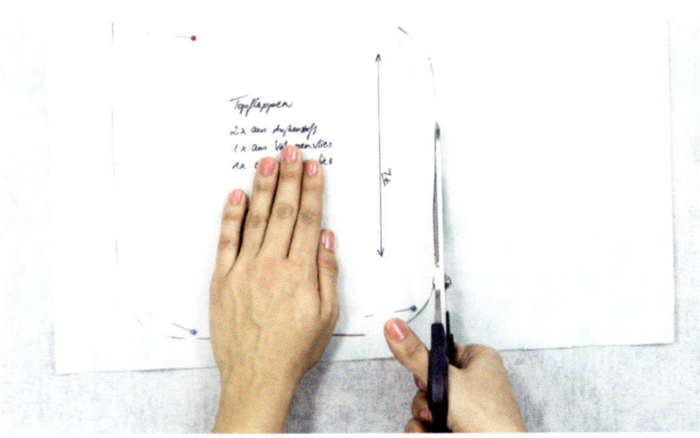

FALSCH

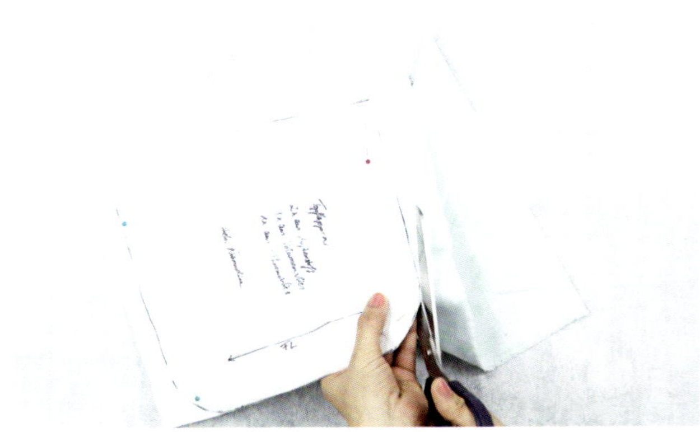

MARKIERUNGEN

AUF DEN STOFF ÜBERTRAGEN

Bevor du dich ans Nähen begibst, überprüfe, ob dein Schnittmuster Markierungen enthält.

Wenn der Schnitt Markierungen (sogenannte Knipse oder Passzeichen) enthält, überträgst du sie mit einer Markierhilfe auf die linke Stoffseite und schneidest dort vorsichtig kleine Knipse (bis 0,5 cm) in die Nahtzugabe. **(BILD A)**

Für andere Markierungen wie Knopflöcher, Wendeöffnungen, Taschengurtpositionen etc. kannst du an deren Enden durch das Papier hindurch eine Stecknadel stechen. Dort, wo sie auf den Stoff trifft, überträgst du den Punkt mit einem Markierstift. **(BILD B)**

Markierungen werden meist auf die linke Stoffseite übertragen, allerdings ist es bei Knopflöchern, Taschen oder Gurten sinnvoll, die Markierung auf der rechten Seite zu setzen, da sie dort auch angebracht werden.

A

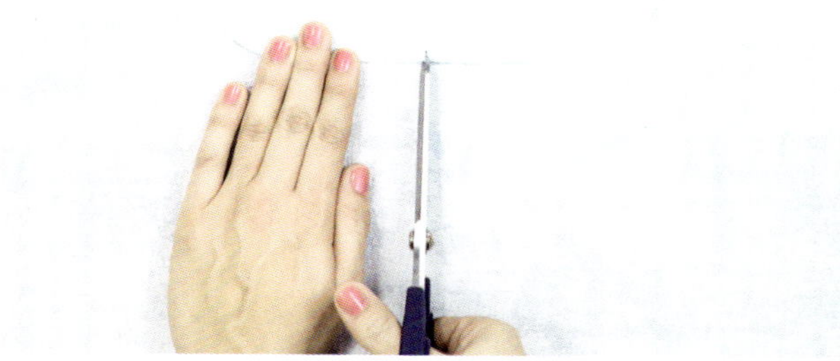

B

VLIESEINLAGE

ZUSCHNEIDEN UND AUFBÜGELN

Vlieseinlagen werden auf die angefertigen Schnittteile aufgebügelt.

Falls du Schnittteile mit Vlies verstärken willst, legst du die Papiervorlage wie beim Stoff auf die Einlage und schneidest die Vliesteile in der erforderlichen Anzahl zu.

Aufbügelbare Vlieseinlage wird mit der beschichteten (glänzenden) Seite nach unten auf die linke Stoffseite gelegt und nach Herstelleranweisung aufgebügelt.

Damit Stoff und Einlage beim Bügeln nicht verrutschen, solltest du das Bügeleisen nur Partie für Partie auf den Stoff stellen und nicht schnell hin und her bewegen. Nur so bleibt das Vlies auf dem Stoff haften.

Bei welcher Temperatur und wie viele Sekunden lang die jeweilige Vlieseinlage aufgebügelt werden soll, ist meist am Rand der Einlage aufgedruckt. **(BILD C)**

C

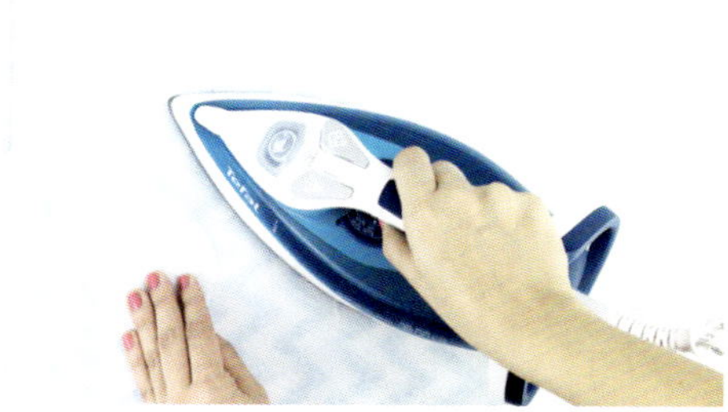

TIPP

Aufbügelbares Vlies klebt gern am Bügelbrett oder dem Bügeleisen fest, daher solltest du immer ein Stück Stoff darunterlegen.

brother
Innov-is
OK

– KAPITEL 4 –

AB AN DIE NÄHMASCHINE

STARTKLAR MACHEN

Es wird ernst! Genug Vorgeplänkel, jetzt geht's an die Nähmaschine!

Das erste Mal an der Nähmaschine zu sitzen fühlt sich ein bisschen so an, wie das erste Mal Auto zu fahren. Ungewohnte Bewegungsabläufe und Funktionen, die dir noch komplett unbekannt sind. Auch ich hatte am Anfang Berührungsängste. Ich dachte, ein falscher Handgriff und ich könnte meine Nähmaschine kaputt machen. Keine Sorge, das wird nicht einfach so passieren.
Damit deine Nähmaschine startklar wird, musst du ein paar Dinge wissen, beispielsweise, wie du die richtige Nadel und ein Nähfüßchen einsetzt. Vor allem aber musst du die Maschine mit Garn bestücken. Wie das alles geht, zeige ich dir auf den nächsten Seiten.

NÄHMASCHINENNADEL

AUSTAUSCHEN

Das Austauschen der Nadel ist wirklich einfach. Umso wichtiger ist es, sie regelmäßig zu überprüfen und, falls sie verbogen oder stumpf ist, auszuwechseln. Das sorgt dafür, dass das Stichbild immer schön bleibt und die Stoffe geschont werden. Und die Nadel bricht seltener ab.

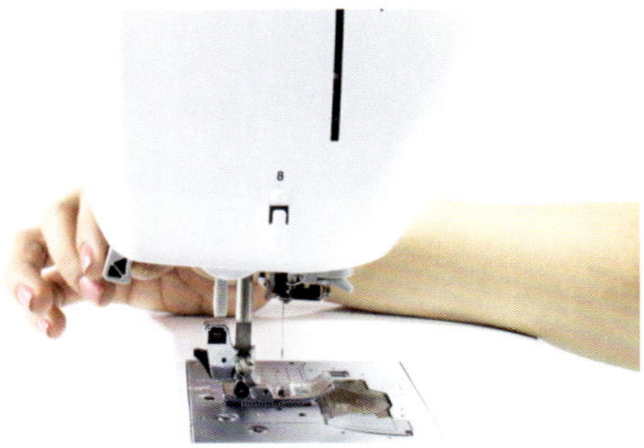

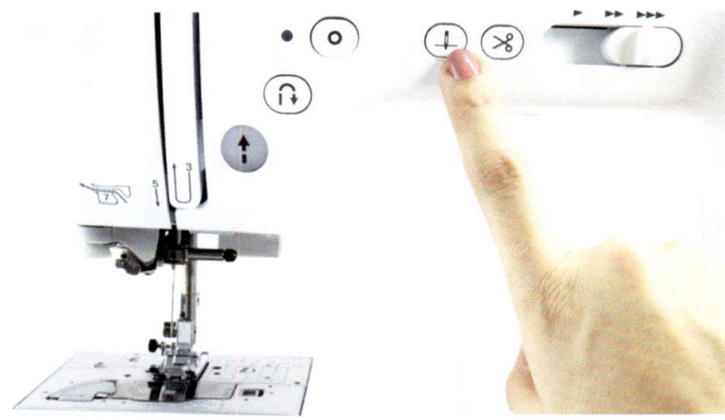

1. Betätige den Nähfußhebel an der Rückseite der Nähmaschine und senke den Nähfuß ab.

2. Drehe das Handrad langsam in deine Richtung, bis sich die Nähnadel an ihrem höchsten Punkt befindet, oder drücke die Taste „Nadelposition", falls vorhanden, um die Nadel anzuheben.

3. So entfernst du eine alte Nadel: Halte sie mit einer Hand fest und drehe die Nadelschraube gegen den Uhrzeigersinn. Je nach Maschine benötigst du einen kleinen Schraubenzieher. Löst sich die Nadel, kannst du sie vorsichtig nach unten und zu dir ziehen.

4. Führe die neue Nadel mit der flachen Seite nach hinten gerichtet bis zum Anschlag in die Nadelklammer. Halte sie mit der linken Hand fest und drehe die Nadelschraube wieder fest.

Geschafft!

NÄHFÜSSCHEN

AUSTAUSCHEN

Deine Nähmaschine hat bereits einige nützliche Nähfüßchen im Gepäck, die du für dein Projekt verwenden kannst. Jedes davon ist auf eine spezielle Verarbeitungstechnik abgestimmt. So tauschst du die Füßchen aus:

1. Hebe die Nadel an. Wenn sich das Nähfüßchen noch unten auf der Stichplatte befindet, schiebe den Nähfußhebel nach oben, um es anzuheben.

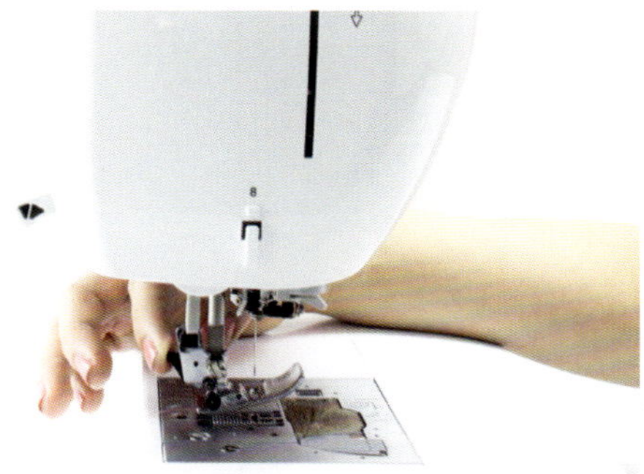

2. Drücke das Knöpfchen/den Hebel hinter dem Nähfußhalter, um das Füßchen zu entfernen.

3. Schiebe das neue Füßchen unter den Halter. Betätige den Nähfußhebel, damit der Halter nach unten geht und mit der Kerbe auf den kleinen Stift am Füßchen trifft.

4. Drücke das Knöpfchen/den Hebel hinter dem Nähfußhalter noch einmal, damit das neue Füßchen einrastet. Stelle den Nähfußhebel nach oben, um zu prüfen, ob der Nähfuß fest sitzt.

EINFÄDELN

Das Einfädeln ist je nach Maschinentyp etwas unterschiedlich, ähnelt sich aber grundsätzlich. Nimm dein Handbuch als Hilfestellung dazu.

UNTERFADEN AUFSPULEN

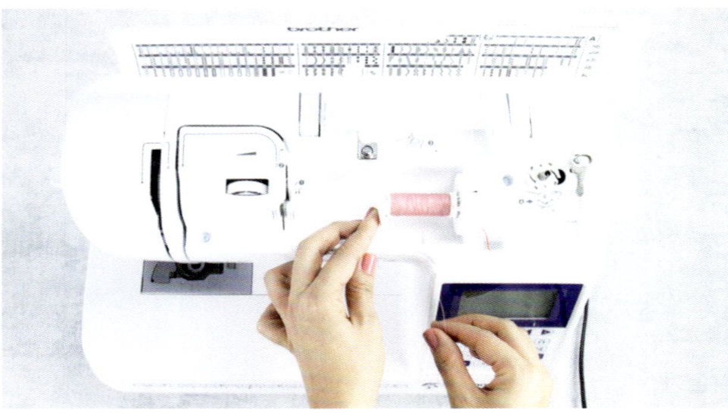

1. Die Kappe vom Garnrollenstift nehmen und das Garn so auf den Stift setzen, dass der Faden sich von unten abwickelt. Die Kappe wieder fest aufsetzen.

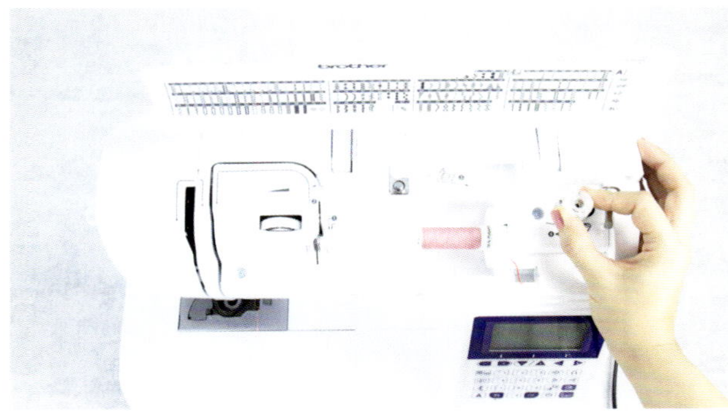

2. Setze die leere Spule auf den Stift der Aufspulvorrichtung, bis sie einrastet.

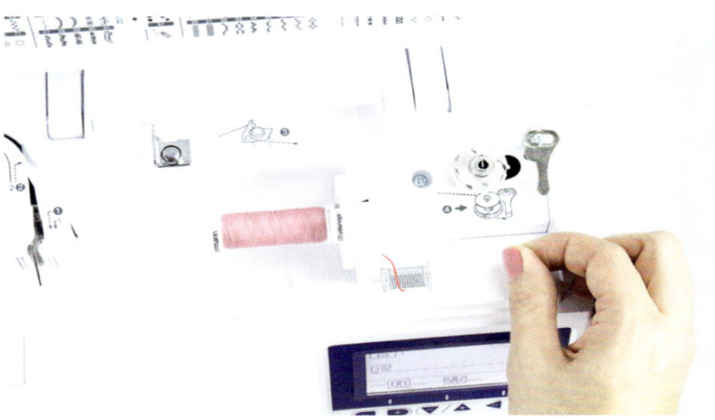

3. Faden von der Rolle ziehen und entlang der Fadenführung (gemäß Markierung) zur Spule leiten und einige Male herumwickeln, Faden evtl. festhalten.

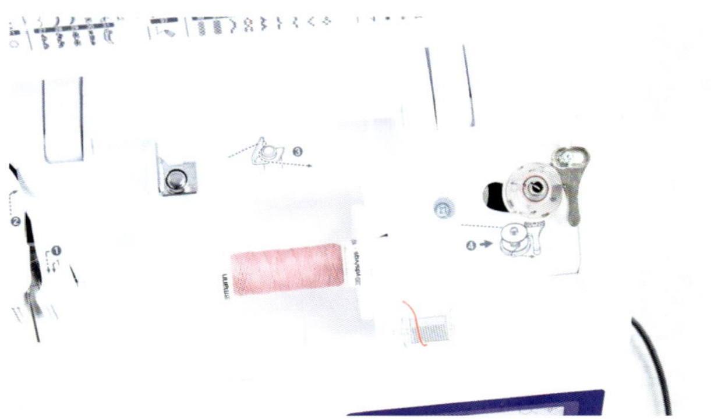

4. Spulvorrichtung nach rechts schieben. Pedal betätigen. Wenn die Spule voll ist, Faden abschneiden. Halterung wieder zurückschieben, Spule abnehmen.

Erledigt!

TIPP

Um die volle Unterfadenspule in die Nähmaschine einzusetzen, musst du sie in eine spezielle Kapsel einlegen. Je nach Nähmaschinenmodell gibt es zwei Varianten. Wenn du nicht genau weißt, welche du hast, schau im Handbuch nach!

UNTERFADENSPULE EINSETZEN: **EINGEBAUTE SPULENKAPSEL**

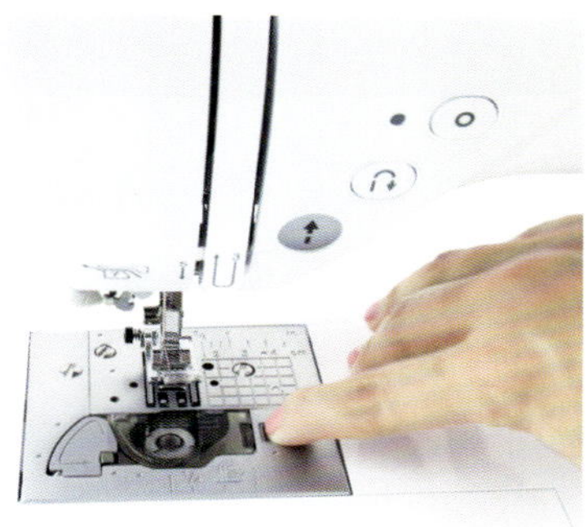

1. Schiebe die Verriegelung der Spulenfachabdeckung nach rechts und nimm sie ab oder schiebe sie zur Seite (je nach Modell). Nimm die alte Spule heraus.

2. Setze die (neue) Spule so in die Spulenkapsel, dass der Faden nach links abgewickelt wird.

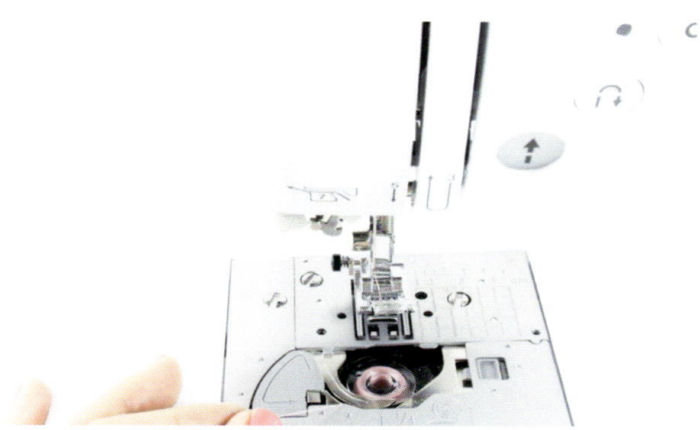

3. Führe das Fadenende um die Lasche und weiter durch den Schlitz in der Stichplattenabdeckung (beachte die Fadenführung deiner eigenen Maschine!).

4. Führe das Fadenende durch die kleine Kerbe mit dem Fadenabschneider (falls vorhanden) in der Spulenträgerplatte. Abdeckung wieder anbringen.

HERAUSNEHMBARE KAPSEL AUS METALL

1. Schiebe das Zubehörfach oder den Anschiebetisch nach links und öffne das Spulengehäuse.

2. Nimm die Kapsel aus dem Spulengehäuse heraus, indem du die kleine Metalllasche zuerst anhebst und dann vorsichtig daran ziehst.

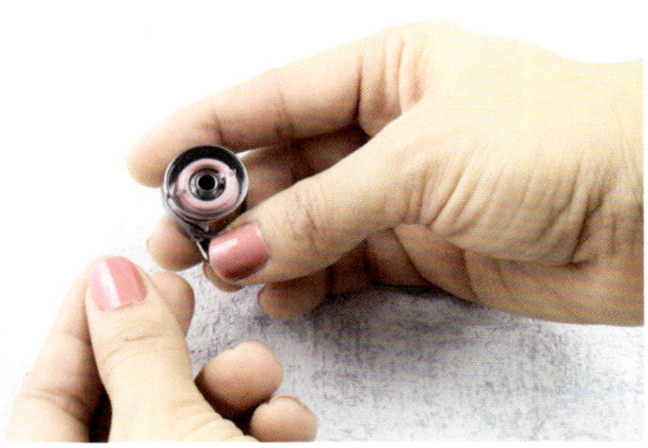

3. Lege die Spule in die Kapsel. Sie sollte sich im Uhrzeigersinn drehen, wenn du leicht am Faden ziehst. Ziehe ihn durch den Schlitz oben an der Kapsel.

4. Führe den Faden unterhalb der dünnen Metallabdeckung durch (er gleitet fast automatisch durch), bis er an der Öffnung oben herauskommt.

5. Drehe das Handrad in deine Richtung, bis die kleine Aussparung oben am Spulengehäuse freiliegt.

6. Halte die Kapsel an der Lasche fest und setze sie wieder in das Spulengehäuse ein. Wenn du ein Klacken hörst, sitzt die Spulenkapsel richtig. Lasse das Gehäuse unten noch offen, damit du das Hochholen des Unterfadens beobachten kannst.

WICHTIG!
Verwende immer die passenden Spulen und achte darauf, dass sie nicht beschädigt sind.

WOW, SO VIEL EINFÄDELEI, ABER GLEICH HAST DU ES GESCHAFFT!

OBERFADEN EINFÄDELN OHNE EINFÄDELHILFE

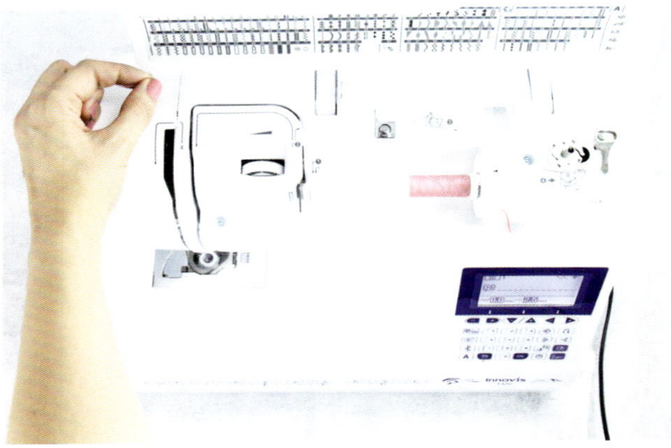

1. Hebe den Nähfuß an und drehe das Handrad, bis die Nadel sich an der höchsten Position befindet. Nimm die Kappe vom Garnrollenstift und setze die Garnrolle so darauf, dass der Faden sich von unten abwickelt. Setze die Kappe wieder fest auf die Garnrolle.

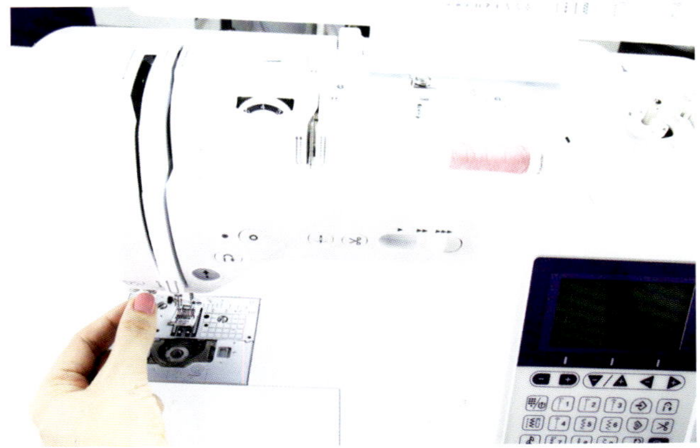

2. Leite den Faden, wie auf deiner Nähmaschine abgebildet (je nach Modell variiert dies ein wenig), Position für Position entlang der oberen Fadenführung zur unteren. Nähfuß und Nadel müssen während des Einfädelns angehoben sein.

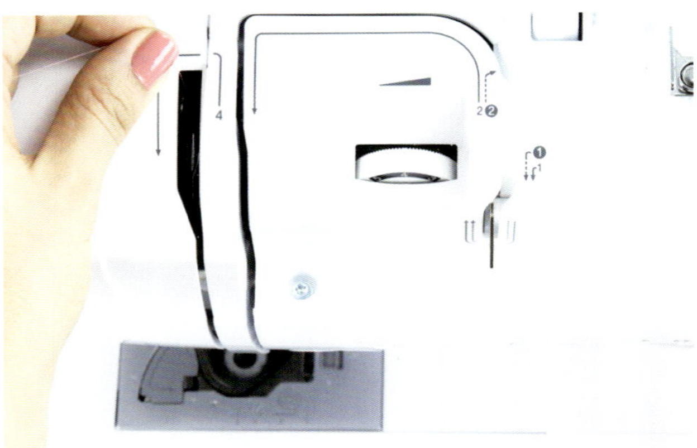

3. Der Fadenheber muss sich ganz oben befinden; führe den Faden von unten nach oben zum Fadenheber und dann „um die Ecke“ wieder nach unten.

4. Den Faden hinter den Haken oberhalb der Nadel führen, durch das Nadelöhr schieben, ca. 10 cm herausziehen, unter den Nähfuß nach hinten legen.

OBERFADEN EINFÄDELN MIT EINFÄDELHILFE

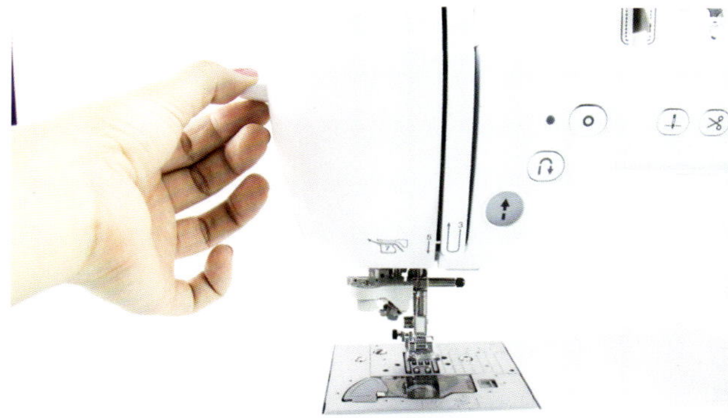

1. Ziehe den durch den Haken der Nadelstange geführten Faden nach links und dann weiter durch die Kerbe der Nadeleinfädlerführung. Schneide den überschüssigen Faden mit dem Fadenabschneider links an der Maschine ab.

2. Senke zuerst den Nähfuß ab. Schiebe den Nadeleinfädlerhebel auf der linken Maschinenseite nach unten, bis ein Klickgeräusch hörbar ist, und bringe den Hebel langsam wieder in seine Ausgangsposition.

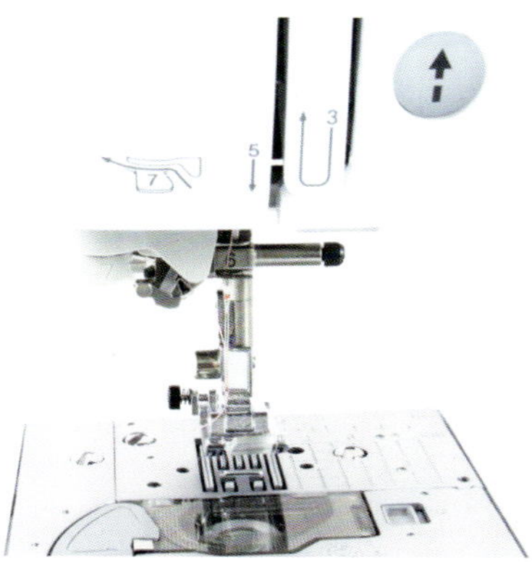

3. Der Haken dreht sich dabei und führt den Faden durch das Nadelöhr hindurch. Dann kannst du vorsichtig am Fadenende ziehen.

4. Hebe den Nähfuß wieder an, ziehe dann ca. 10 cm Faden heraus und lege das Fadenende unter den Nähfuß nach hinten auf die Stichplatte.

UNTERFADEN HOCHHOLEN

EINGEBAUTE SPULENKAPSEL

Normalerweise kannst du bei einer Nähmaschine mit fest eingebauter Kapsel nach Einsetzen der Spule einfach losnähen. Solltest du aber doch manuell einfädeln wollen, dann gehe folgendermaßen vor:

Hebe das Nähfüßchen an. Halte den eingefädelten Oberfaden mit der linken Hand fest und drehe das Handrad langsam in deine Richtung, um die Nadel nach oben und dann nach unten zur Spule zu führen. Der Unterfaden wird dabei automatisch als Schlinge um den Oberfaden gelegt und kann heraufgezogen werden. Ziehe also vorsichtig den Oberfaden hoch, um das Ende des Unterfadens heraufzuholen. **(BILD A)**

Ziehe den Unterfaden ca. 10 cm (etwa auf die Länge des Oberfadens) heraus. Führe ihn unter den Nähfuß und lege ihn nach hinten auf die Stichplatte. **(BILD B)**

HERAUSNEHMBARE SPULENKAPSEL AUS METALL

Hebe das Nähfüßchen an. Der Oberfaden sollte etwa 10 cm lang nach hinten auf der Stichplatte liegen. Halte den Oberfaden mit der linken Hand fest und drehe das Handrad zu dir, bis die Nadel einmal komplett nach unten zur Spule geführt wird und wieder hochkommt. Dabei legt sich der Unterfaden automatisch wie eine Schlinge um den Oberfaden und wird mit nach oben genommen. Ziehe jetzt langsam am Oberfaden und ziehe die Schlinge dabei hoch. Greife die Schlinge und ziehe sie komplett heraus, bis du den unteren Faden greifen kannst. Ziehe ihn ca. 10 cm heraus. **(BILD C)**

Ziehe beide Fadenenden gleichzeitig straff, damit sie etwa die gleiche Länge haben, und lege sie unter den Nähfuß und nach hinten auf die Stichplatte. **(BILD D)**

»PUH, GESCHAFFT! BALD BEHERRSCHST DU DIESE SCHRITTE WIE IM SCHLAF!«

A

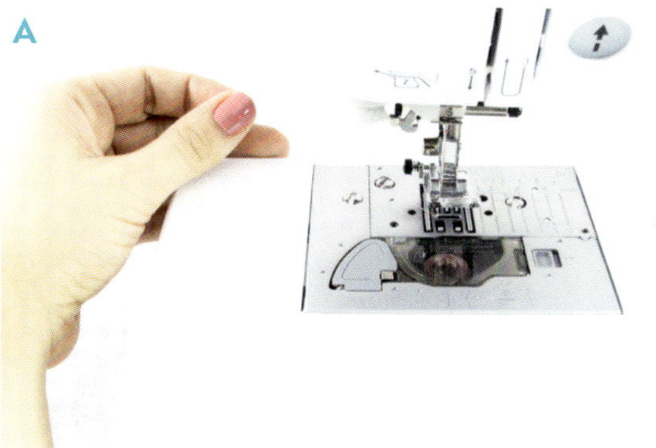

B

C

D

STEP(P) BY STEP(P)

ERSTE STICHE ÜBEN

Es kann losgehen! Bist du bereit für erste Übungen, um ein Gefühl für deine Maschine zu bekommen? Am besten nimmst du dafür einige 20×30 Zentimeter lange Streifen aus einfachem Baumwollstoff oder von einem alten Laken.

Nun kannst du zwei Teile an den Kanten aufeinanderlegen, und zwar so, dass ihre schöne Seite, also die rechte, jeweils innen liegt. Stecke die Teile mit einigen Stecknadeln am Rand zusammen.

WIE STECKE ICH RICHTIG?

Stoffteile werden mit Stecknadeln zusammengehalten, damit sie nicht verrutschen. Arbeitest du an einem unkomplizierten Teil, solltest du es immer nur mit so vielen Stecknadeln wie nötig zusammenhalten, damit es sich unter der Nähmaschine nicht wellt. Knifflige Stellen wie Falten oder Kräuselungen erfordern etwas mehr Stecknadeln.

Du kannst sie entlang der Nahtlinie stecken oder – so bevorzuge ich es – quer zur Stoffkante mit den Köpfen nach außen. Achte in jedem Fall darauf, die Nadelköpfe so in eine Richtung zu stecken, dass du sie beim Nähvorgang nach und nach leicht greifen und entfernen kannst. Also immer auf der Stoffseite stecken, die beim Nähen oben liegt.

Bei längs gesteckten Nadeln soll der Kopf dabei in deine Richtung zeigen. Ganz wichtig ist es, nicht über die Stecknadeln zu nähen, da dadurch die Nähmaschinennadel beschädigt werden kann.

Bevor du losnähst, achte darauf, dass Ober- und Unterfaden richtig eingefädelt sind. Sie sollen, unter der Kerbe des Füßchens nach hinten durchgeführt, ca. 10 cm lang auf der Stichplatte liegen. Setze dich aufrecht und entspannt vor die Nähmaschine.

WO GENAU WIRD DER STOFF PLATZIERT?

Hebe den Nähfuß an und platziere den Stoff unter dem Nähfuß; dabei soll die rechte Stoffkante mit der des Nähfußes abschließen. Senke den Nähfuß wieder ab. Der Großteil des Stoffes sollte sich immer links von der Nadel befinden. Der Platz rechts von der Nadel ist begrenzt. Wenn sich dort zu viel Stoff befindet, kannst du nicht flüssig und gleichmäßig nähen. (BILD A)

Falls du eine große Stoffmenge verarbeitest, falte das restliche Stoffteil locker und ziehharmonikaförmig vor der Nähmaschine auf dem Tisch. Dabei sollte möglichst kein Stoff auf deinem Schoß liegen, weil er durch deine Bewegungen verrutschen kann oder du ihn möglicherweise zwischen dir und dem Tisch einklemmst. Ansonsten kannst du nicht gleichmäßig nähen. (BILD B)

WELCHE STICHLÄNGE NEHME ICH?

Nimm dir nun die Einstellung „Stichauswahl" vor und stelle für den Anfang einen geraden Stich mit der Länge 2,5 ein. Das ist die Standardstichlänge, mit der du die meiste Zeit nähen und absteppen wirst. Die Sticheinstellung lässt sich entweder über ein Rädchen an der Nähmaschine vornehmen oder anhand von Tasten. (Schau am besten in dein Handbuch). (BILD C)

IN WELCHE RICHTUNG WIRD DER STOFF BEIM NÄHEN BEFÖRDERT?

Halte jeweils am Anfang der Naht beide Fäden fest. Betätigst du jetzt das Pedal, bewegt sich die Nadel auf und ab und es bildet sich ein Stich. Dabei befördert der Transporteur den Stoff nach hinten. Er wird also fast automatisch unter dem Nähfuß weitergeführt. Deine rechte Hand lenkt den Stoff locker 10–15 cm vor der Nadel, damit er unter dem Nähfuß mit gleichem Abstand entlanggleitet. Dabei behältst du den Abstand der rechten Hand zur Nadel bei. Die linke Hand fasst den Stoff beim Nähen leicht an der Seite und unterstützt die Gleitbewegung, zieht aber nicht.
Während du den Stich einstellst, solltest du immer darauf achten, dass die Nadel ist. (BILD D)

A

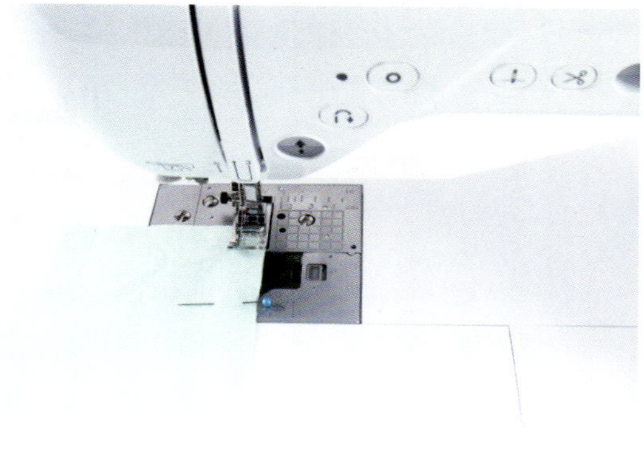

B

C

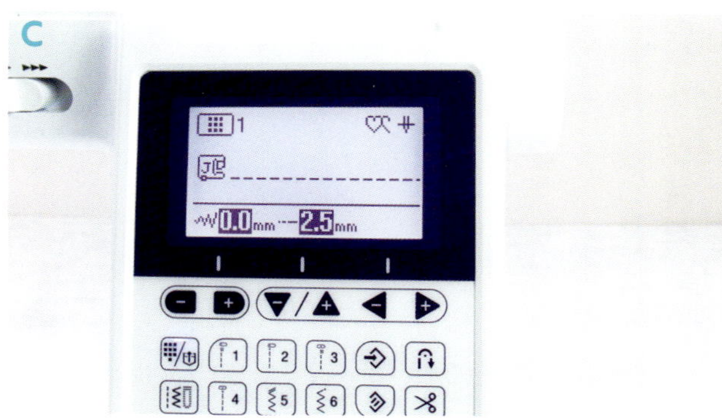

D

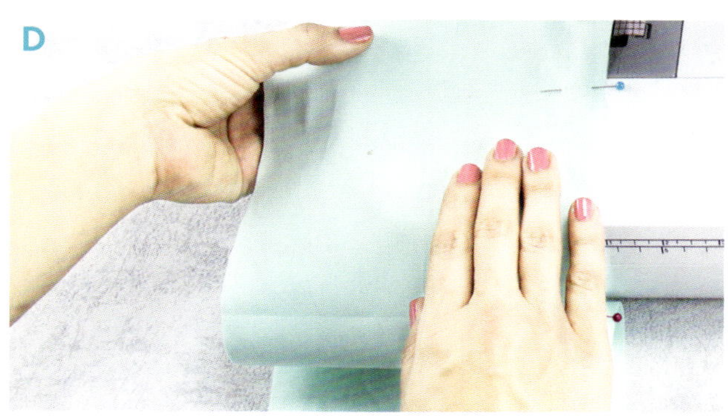

FADEN ABSCHNEIDEN

Wenn du mit der Naht fertig bist, beförderst du die Nadel mithilfe des Handrads nach oben und hebst den Nähfuß an. Dann kannst du den Stoff vorsichtig nach links hinten aus der Maschine ziehen. Oben links an der Nähmaschine ist oft ein Fadenabschneider, mit dem du das Garn abtrennen kannst. Manche Maschinen haben eine Taste, die den Faden automatisch abschneidet. Dafür musst du nach dem Nähen nur die Nadel anheben und die Taste mit dem Zeichen für das Abschneiden des Fadens drücken. Danach hebst du das Nähfüßchen an und holst den Stoff heraus. **(BILD A)**

TEMPO EINSTELLEN

Je stärker oder schwächer du auf das Pedal trittst, desto schneller oder langsamer wird der Nähvorgang. Manche Maschinen haben bereits einen automatischen Geschwindigkeitsregler. Stelle an kniffligen Partien die Geschwindigkeit damit etwas langsamer ein. **(BILD B)**

RÜCKSTICHE NÄHEN – NÄHTE AM ANFANG UND ENDE VERRIEGELN

Ich habe dich eben einfach mal losnähen lassen, damit du erst mal den grundlegenden Nähvorgang kennenlernst. Aber eine wichtige Sache fehlt dabei noch:

Um zu verhindern, dass sich die Nähte wieder auflösen, musst du sie am Anfang und am Ende verriegeln.

Nimm dir noch eine Bahn mit einem Kantenabstand von 1cm vor. Betätige nach den ersten drei Stichen die Rückwärtstaste und halte sie beim Nähen gedrückt. Auf diese Weise wird der Rückstich genäht. **(BILD C)**

Nähe ein bis zwei Stiche rückwärts, lasse dann die Rückwärtstaste los und nähe wieder vorwärts bis ans Ende der Naht. Nähe auch hier zwei bis drei Stiche rückwärts und anschließend bis zur Kante. (So sieht eine verriegelte Naht aus: **BILD D**.)

A

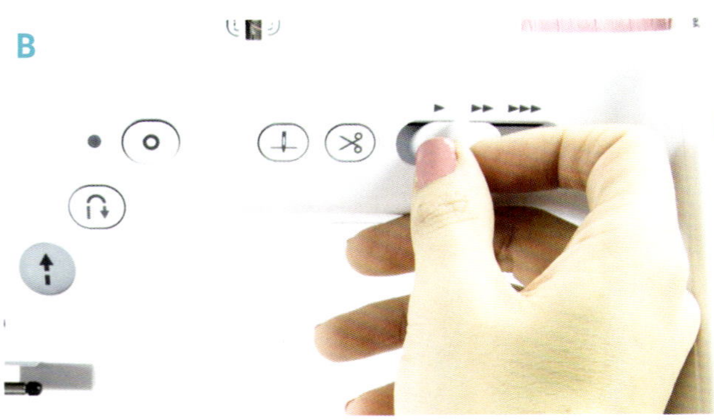

B

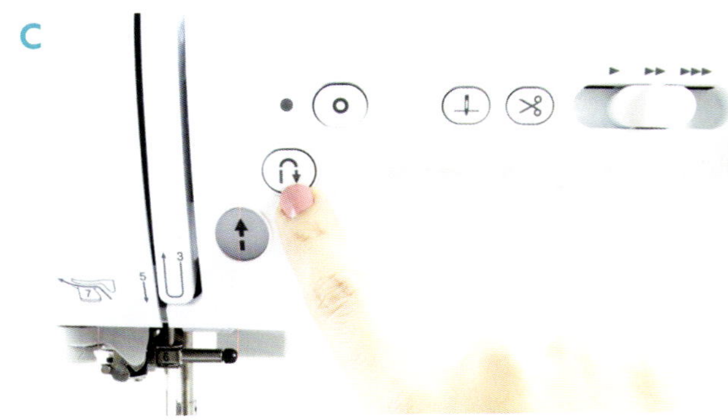

C

D

FÜHRUNGSLINIEN

FREUND UND HELFER BEIM ABSTANDHALTEN

Hast du schon die eingravierten Linien und Zahlen auf der Transportplatte deiner Nähmaschine bemerkt? Das sind die Abstände, die die Nadel bei ihrer Standardeinstellung im Geradstich zur jeweiligen Linie hat. Sie geben dir somit eine gute Orientierung beim Einhalten der Nahtzugabe und weiteren Abständen zur Stoffkante. Auch der Nähfuß liefert dir einen Anhaltspunkt dazu, wie breit beispielsweise deine Nahtzugabe ist. Die Breite des Standardnähfußes ist je nach Maschinentyp unterschiedlich. (BILD A)

A

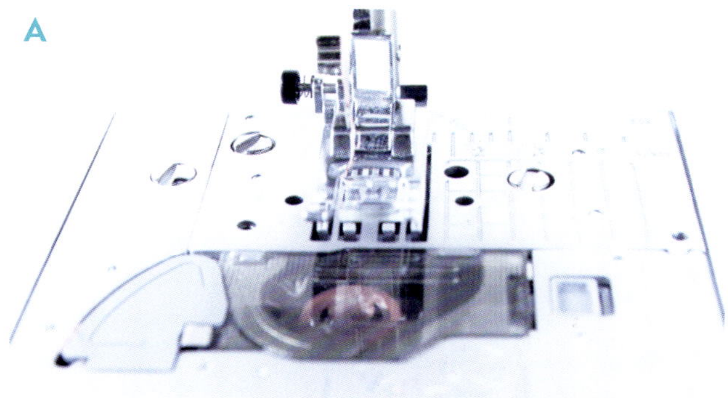

ÜBUNG:

Nähe zwei Teile zusammen und halte dabei einen Abstand von 2 cm zur Stoffkante.

Bei der Nähmaschine in diesem Buch beträgt der Abstand bis zur Kante des Nähfußes 1 cm, bis zur ersten Linie 1,5 cm, bis zur zweiten Linie 2 cm etc. Mit einem Lineal oder Handmaß kannst du diesen Abstand an deiner Nähmaschine genau überprüfen. (BILD B)

B

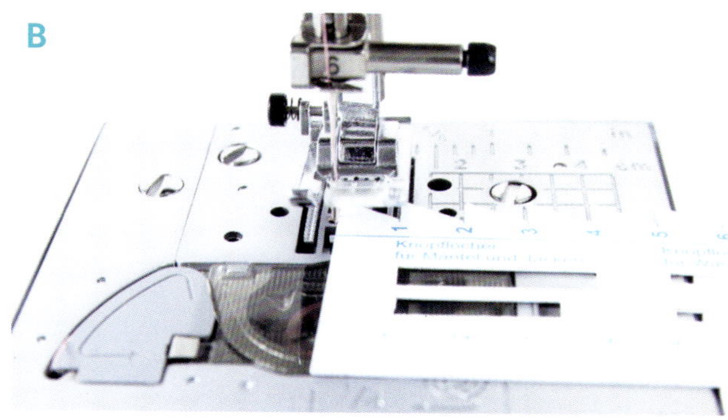

Du kannst den Abstand von 2 cm auch mit einem Stück farbigem Klebeband markieren. (BILD C)

C

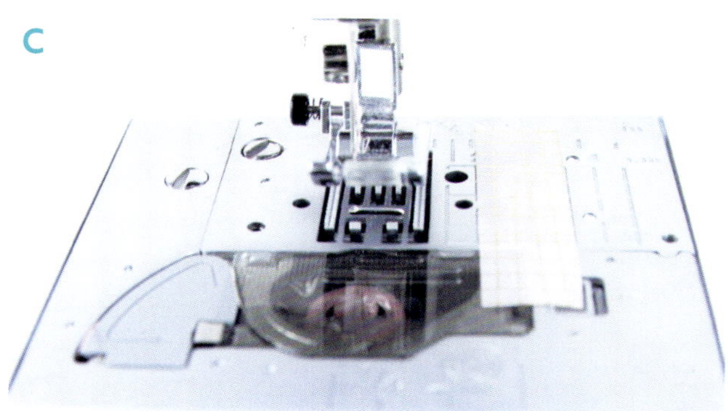

Platziere den Stoff dann so, dass die Nahtkante genau auf diese Linie trifft. Wenn du jetzt beim Nähen darauf achtest, mit der Kante immer an dieser Linie zu bleiben, hältst du die gewünschte Nahtzugabe sicher ein. Deine rechte Hand führt den Stoff dabei ganz locker mit einem Abstand von etwa 10 cm vor der Nadel.

UM DIE ECKE NÄHEN

Es wird immer wieder vorkommen, dass du auch mal um die Ecke nähen musst, beispielsweise bei Kissen oder Taschen. Keine Sorge, das ist ganz einfach, wenn man den Trick dabei kennt!

ÜBUNG:

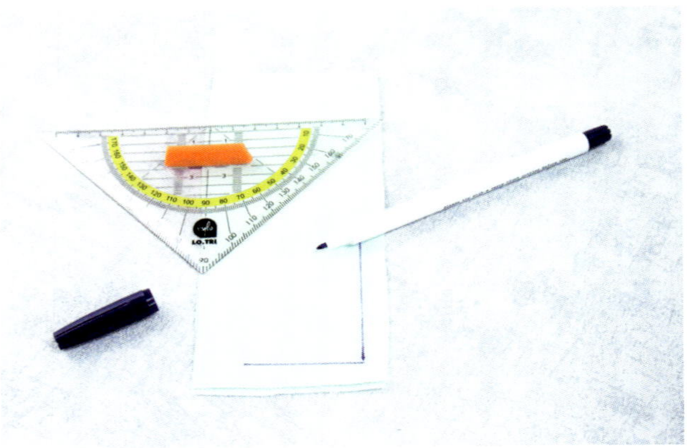

1. Zeichne mithilfe eines Geodreiecks einen rechten Winkel mit einer Nahtzugabe von 1 cm auf den Stoff.

2. Beginne von oben bis zur markierten Ecke zu nähen und stoppe genau an der Ecke des rechten Winkels.

3. Lass die Nadel im Stoff stecken, hebe den Nähfuß an und drehe den Stoff im 90-Grad-Winkel, sodass nun die nächste Markierungslinie vor dir liegt.

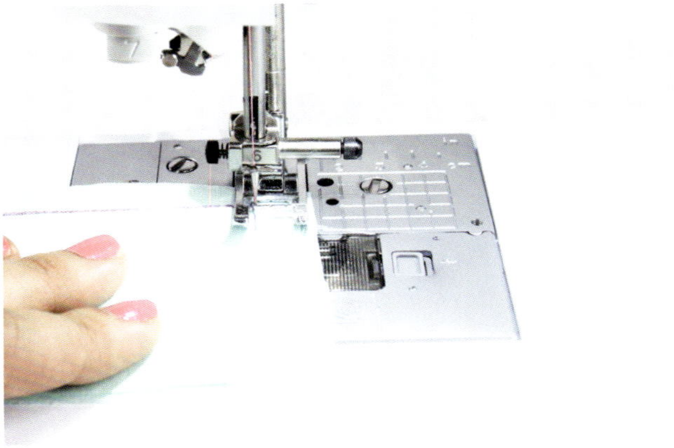

4. Senke den Nähfuß wieder ab und nähe gleichmäßig an der nächsten Kante weiter.

Du hast deine erste Ecke genäht!

RUNDUNGEN NÄHEN

Das Einhalten des richtigen Abstands zur Kante ist wichtig, vor allem bei Rundungen. Wenn du schon ein wenig Übung hast im Einhalten der Nahtzugabe, schaffst du dies auch hier problemlos. Stelle die Stichlänge dafür etwas kürzer ein als üblich.

ÜBUNG:

1. Zeichne mithilfe eines runden Deckels oder Ähnlichem einen beliebig großen Halbkreis auf ein doppelt gelegtes Stück Stoff. Schneide die Teile dann mit einer Nahtzugabe von 1 cm zu.

2. Du kannst die Teile mit Stecknadeln zusammenhalten oder frei nähen. Sie sollten an der runden Kante exakt aufeinanderliegen. Beginne, die Rundung mit einem Kantenabstand von 1 cm zu nähen.

3. Gehe langsam vor; am leichtesten näht sich die Rundung, wenn du gelegentlich die Nadel stecken lässt, den Nähfuß anhebst und den Stoff leicht drehst.

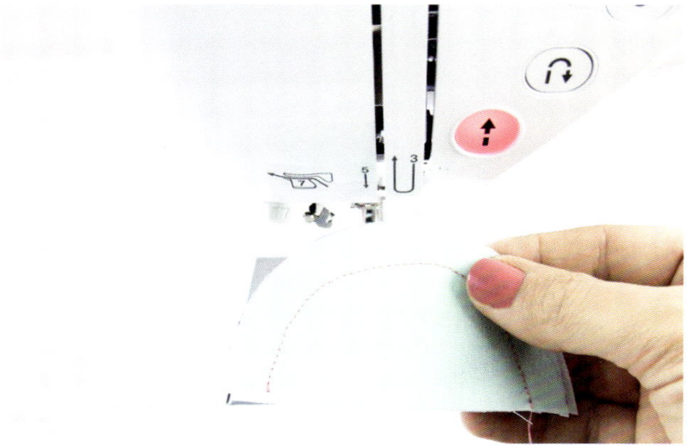

TIPP

Je langsamer du am Anfang nähst, umso mehr Zeit hast du zwischendurch für Korrekturen.

STICHARTEN

ÜBEN

Deine Nähmaschine hat unterschiedliche Stiche zur Auswahl. Lass uns diese einmal zusammen ausprobieren.

GERADSTICH

Der Geradstich ist der meistverwendete Standardstich.

ÜBUNG:

Verkürze oder vergrößere die Stichlänge und nähe jeweils eine Bahn mit der neu eingestellten Stichlänge.

HEFTSTICH

Mit Heftstichen kannst du später Schnittteile probeweise locker zusammennähen oder Kanten einreihen.

ÜBUNG:

Stelle den Stich auf die größtmögliche Länge (5–6) ein und teste die Heftstiche an einem Stoffrest.

ZICKZACKSTICH

Zickzackstiche werden für das Versäubern von Nahtkanten verwendet, damit der Stoff nicht ausfranst. Wie du richtig versäuberst, erfährst du auf Seite 71.

Besonders geeignet sind Zickzackstiche auch für das Nähen mit elastischen Stoffen, wie etwa Jersey oder Stoffe mit Stretchanteil. Da die Stiche schräg auf dem Stoff platziert werden, wird die Zugbelastung besser verteilt und die Naht wird flexibler.

ÜBUNG:

Nähe Linien mit unterschiedlichen Breiten und Längen. Mit der Stichbreite stellt man die waagerechte Ausdehnung des Zickzackstichs ein, mit der Stichlänge den Abstand zwischen den einzelnen Stichen zueinander.

ZIERSTICHE

Dekorative Ziersticha in Kontrastfarben werden zu Highlights an einem Nähprojekt.

ÜBUNG:

Schau nach, ob und welche Zierstiche deine Nähmaschine hat (Hinweise findest du auch im Handbuch), und lass deiner Kreativität schon einmal freien Lauf, indem du verschiedene Bahnen mit Zierstichen ziehst.

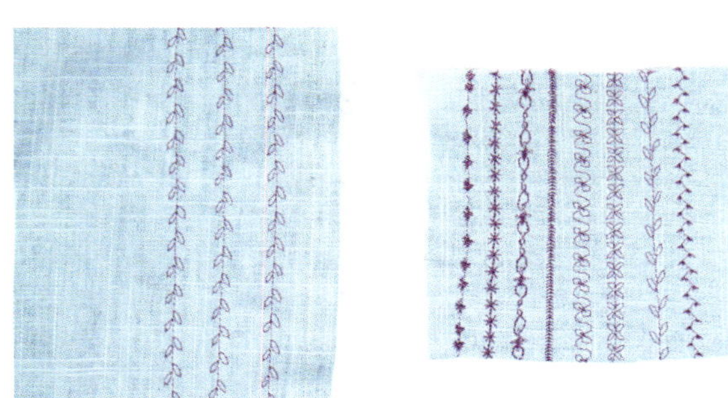

KANTEN VERSÄUBERN

MIT ZICKZACKSTICH

Damit die Schnittkanten später nicht ausfransen, musst du sie mit Stichen sichern, das nennt man Versäubern.

VERSÄUBERN MIT DEM ZICKZACKSTICH

ÜBUNG:

1. Nähe zwei Stoffstreifen mit Geradstich und 1 cm Nahtzugabe zusammen. Lege den Stoff noch einmal unter den Nähfuß und stelle den Zickzackstich ein.

2. Nähe nun so, dass die Nadel abwechselnd in den Stoff links sowie rechts knapp an der Kante sticht. Verriegle Anfang und Ende. (Ergebnis: BILD 4 auf Seite 72 oben)

TROUBLESHOOTING: KANTE EINGEZOGEN?

Sehen die Kanten unschön aus, weil die Nähmaschine die Stoffkante einzieht? Lege den Stoff etwas weiter rechts an und achte darauf, dass der äußere Einstich noch im Stoffrand liegt. Starte im Zweifel näher an der geraden Naht und kürze später die überstehende Zugabe vorsichtig, ohne die Nähte anzuschneiden.

1

2
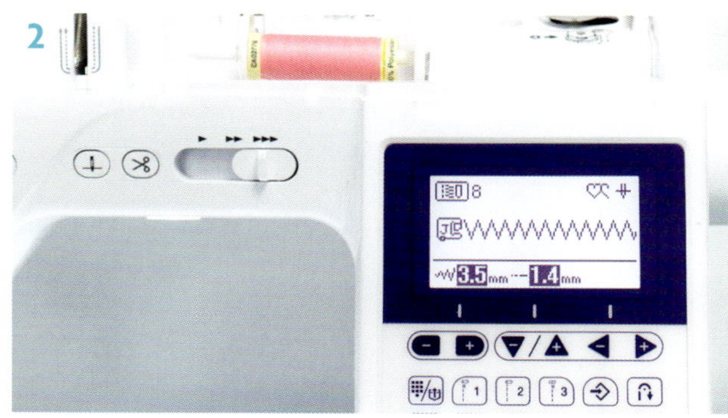

prima, du hast deine erste Kante versäubert!

WEITERE VERSÄUBERUNGSVARIANTEN

FALSCHER COVERLOCKSTICH

Nicht alle Maschinen haben diesen Stich, der dem Overlockstich ähnelt. Die Nadel darf nicht ins Leere stechen, weil sonst die Kanten eingezogen werden. (Sticheinstellung: BILD 3; Ergebnis: BILD 4 mitte)

VERSÄUBERN MIT DER OVERLOCK

Die Versäuberung mit der Overlock bietet für Fortgeschrittene professionelle Ergebnisse, weil sie die versäuberte Stoffkante gleichzeitig schön abschneidet. (Ergebnis: BILD 4 unten)

FOLGENDES GILT BEIM VERSÄUBERN:

- Nahtkanten können vor oder nach dem Zusammennähen der Teile versäubert werden.
- Du kannst entweder zwei Schnittteile zusammen versäubern (bei leichteren Stoffen) oder jede Kante einzeln (z.B. bei Jeansstoff).
- Zusammen versäuberte Nahtzugaben werden immer auf eine Seite gebügelt. Einzeln versäuberte Zugaben bügelst du auseinander.
- Versäubere die Kanten immer, bevor du mit einer weiteren Quernaht über die Naht nähst.

3

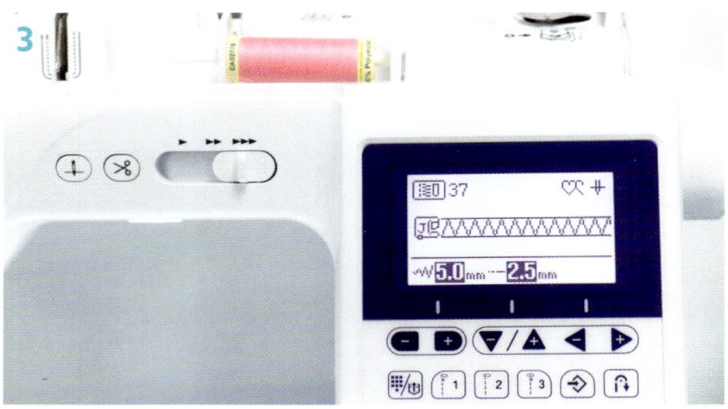

4

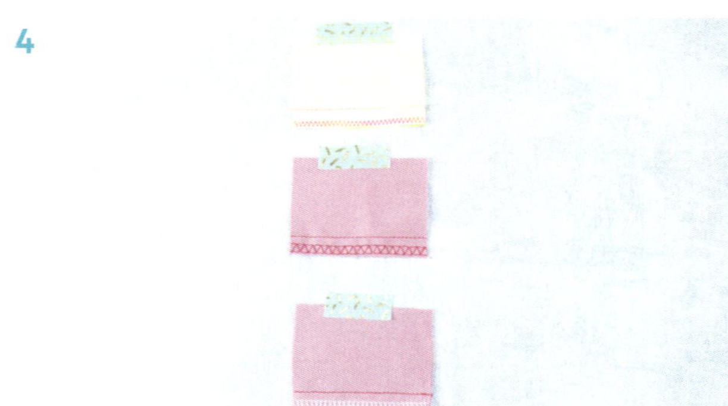

FADENSPANNUNG

FÜR EIN SAUBERES STICHBILD EINSTELLEN

Ein Stich ist dann richtig eingestellt, wenn der Oberfaden auf der rechten (oberen) und der Unterfaden auf der linken (unteren) Stoffseite zu sehen ist. Werfen wir einmal einen Blick auf das Rädchen für die Fadenspannung:

Wenn du dir das Rädchen oder die Taste für die Fadenspannung einmal näher anschaust, siehst du, dass deine Maschine an den Ziffern 3–5 bereits vormarkiert ist. Dies ist der Normbereich für die Fadenspannung. Für die meisten Nähprojekte ist die Einstellung 4 richtig. Je höher oder niedriger die Zahl ist, desto höher oder niedriger ist die Fadenspannung.

Je nachdem, wie dick dein Stoff ist und welche Nadel du verwendest, kann es sein, dass die Fadenspannung entsprechend verändert werden muss. Ggf. musst du bei dickerem Stoff die Fadenspannung niedriger einstellen und bei dünnerem Stoff erhöhen.

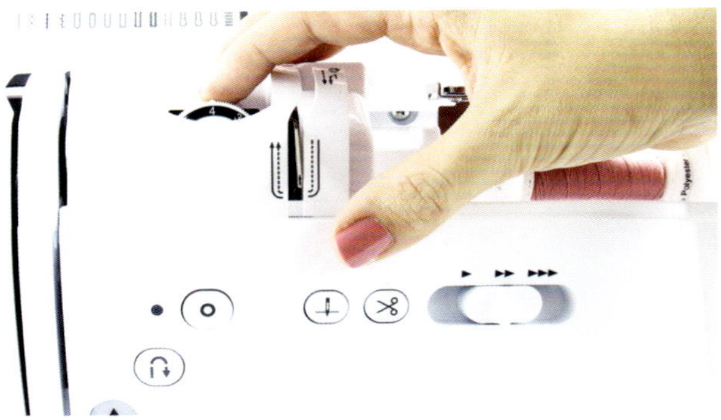

1. FADENSPANNUNG ZU HOCH

Ist die Fadenspannung zu hoch, wird der Unterfaden auf der rechten Stoffseite sichtbar sein. Das bedeutet, dass der Oberfaden zu straff ist. Du musst die Fadenspannung niedriger einstellen, also lockern. Drehe dazu das Rädchen für die Fadenspannung zur niedrigeren Zahl (oder betätige die Taste entsprechend).

1.

2. FADENSPANNUNG ZU GERING

Wenn der Oberfaden Schlaufen bildet und ggf. auf der Unterseite zu sehen ist, ist die Oberfadenspannung zu locker. Du kannst sie erhöhen, indem du das Rädchen zur höheren Zahl drehst (oder die Taste betätigst).

Wenn sich trotzdem keine passende Fadenspannung erzielen lässt, ist es am besten, den Oberfaden neu einzufädeln und die Unterfadenspule neu einzusetzen.

2.

HANDNÄHTECHNIKEN

NÄHEN UNPLUGGED

Zu den Stichen & Co. gehört auch das Handnähen. Auch wenn wir viel mit der Nähmaschine arbeiten, ist das Handnähen an manchen Stellen unerlässlich. Für die Projekte in diesem Buch benötigst du vor allem den Matratzenstich.

MATRATZENSTICH

Er eignet sich perfekt zum unsichtbaren Verschließen von Wendeöffnungen, weil er am Ende wirklich kaum zu sehen ist.

Fädle den Faden in die Nadel ein und verknote das Ende. Stich die Nadel von innen am Bruch der gefalteten unteren Stoffkante aus und stich gegenüber in die andere Bruchkante ein. Nimm etwa 5mm Stoff auf dieser Seite auf und ziehe die Nadel wieder heraus. Für den nächsten Stich führst du die Nadel wieder direkt gegenüber in die untere Bruchkante und ziehst sie nach gleicher Stichlänge wieder heraus. Wenn du den Vorgang ein paarmal wiederholt hast, kannst du den Faden leicht anziehen, damit die Kanten sich aneinanderfügen – und die Stiche nicht mehr zu sehen sind.

HEFTSTICH/VORSTICH

Stecknadeln sind nicht immer hilfreich, da sie in glatten Stoffen verrutschen können. Deshalb müssen Schnittteile häufig zusammengeheftet werden. Nützlich ist der Heftstich auch bei schwierigeren Kanten (Rundungen etc.), die exakt genäht werden müssen.

Fädle den Faden in die Nadel ein, verknote das Ende und stich von der linken Seite in den Stoff. Nähe ca. 6mm breite Stiche in gleichmäßigen Abständen von unten nach oben im Wechsel durch alle Stofflagen. Bleibe auf der Nahtzugabe dicht neben der Nählinie.

TIPP

Fädle bei allen Handstichen den Faden durch das Nadelöhr und verknote das Ende sorgfältig, damit der Faden später nicht aus dem Stoff herausrutscht und sich die Naht wieder auflöst.

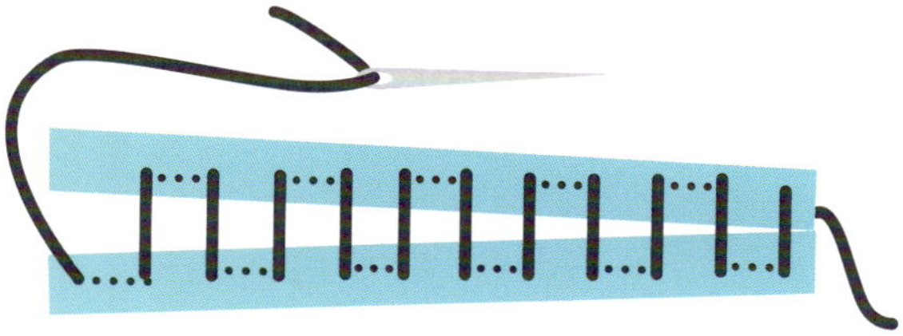

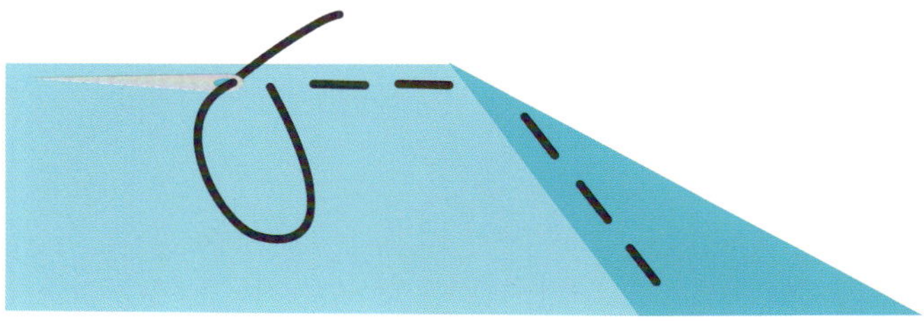

FEHLER ERKANNT, FEHLER GEBANNT

Korrekte Nähte sehen gleichmäßig und gerade aus. Wenn sie Schlingen, Knötchen oder Wellen haben, heißt es Ruhe bewahren und nach der Fehlerquelle suchen:

- Fädle noch einmal den Ober- und Unterfaden nach Bedienungsanleitung ein.
- Sitzt die Spule noch richtig in der Spulenkapsel?
- Hast du Ober- und Unterfaden nach dem Einfädeln richtig nach hinten gezogen?
- Hast du eine geeignete Nadel für deinen Stoff?
- Ist die Nadel verbogen oder beschädigt?
- Ist die Fadenspannung richtig eingestellt?
- Ist der Nähfuß beim Nähen unten?

EIN NAHTTRENNER LÖST ALLES

Irgendwann muss jeder mal etwas auftrennen. Die gute Nachricht ist: Auftrennen kannst du so ziemlich alles. Je nach Gewicht des Stoffes und gewählter Stichlänge geht das mehr oder weniger schnell.

FADEN HERAUSZIEHEN

Das ist die schnellste Methode und funktioniert gut bei unkomplizierten Stichen und etwas dünneren Stoffen, wie Baumwollbatist. Stecke die Spitze des Nahttrenners in die ersten 4–5 Stiche des Unterfadens und ziehe den Faden vorsichtig heraus, ohne ihn zu durchschneiden. Ziehe den Faden so weit heraus, dass du ihn um einen Finger wickeln kannst. Öffne auf diese Weise auch am Ende 1–2 Stiche. Dann kannst du den Anfang um einen Finger wickeln und beherzt am Faden ziehen. Je nach Länge der Naht wird der Faden entweder komplett herausgezogen oder bis er reißt, sodass du den Oberfaden dann ebenfalls für eine bestimmte Strecke greifen und herausziehen kannst. Mach so weiter, bis die Stoffteile wieder voneinander getrennt sind.

Manchmal ist der Stoff jedoch etwas zu dick oder die Stiche sind zu klein, sodass vorsichtig Stich für Stich aufgetrennt werden muss. Ziehe dafür die beiden Stofflagen von der rechten Seite auseinander, damit du die kleinen Fadenschlaufen siehst, die die beiden Stoffe verbinden. Führe die Spitze des Nahttrenners unter die erste Fadenschlaufe und schneide sie vorsichtig auf, dann kommen nach und nach die nächsten dran.

TIPP

Manchmal lohnt es sich, das Projekt zur Seite zu legen und sich am nächsten Tag noch einmal mit frischem Elan daranzusetzen. Entweder bist du dann eher bereit aufzutrennen und von vorn zu beginnen oder du findest den Fehler nicht mehr so schlimm.

REINIGUNG UND WARTUNG

Ein kleiner Appell zum regelmäßigen Reinigen und Warten deiner Nähmaschine! Das erhöht nämlich die Lebensdauer und erfreut dich mit einem schönen Stichbild.

Bitte beachte zur Reinigung und Wartung auch das Handbuch deiner Nähmaschine, da die Reinigungsanforderungen je nach Maschinentyp variieren können.

NÄHMASCHINE REINIGEN – STAUB UND FLUSEN ENTFERNEN

Reinige das äußere Maschinengehäuse ab und zu mit einem Staubwedel, aber verwende auf keinen Fall scharfe Putzmittel für die Oberfläche.

Du wirst erstaunt sein, wie schnell sich Staub und Flusen im Spulenbereich und im Transporteur unter der Stichplatte ansammeln. Es ist wichtig, dass du sie ab und zu entfernst. Nimm dazu die Stichplatte mithilfe des mitgelieferten Schraubenziehers ab, nimm die Spulenkapsel heraus, falls möglich, und reinige die sichtbaren Bereiche vorsichtig mit einem Pinsel.

MUSST DU DEINE NÄHMASCHINE ÖLEN?

Nicht jede Nähmaschine muss geölt werden. Falls das doch der Fall ist, wird meist auch ein Fläschchen Spezialöl mitgeliefert. Verwende bitte auch nur solches. Olivenöl oder anderes Speiseöl aus deiner Vorratskammer hat in der Nähmaschine nichts zu suchen. Im Handbuch deiner Nähmaschine findest du genaue Hinweise, an welchen Punkten du das Öl in regelmäßigen Abständen anwenden solltest. Nähe nach dem Ölen erst auf Teststücken, um Flecken zu vermeiden.

AUFBEWAHRUNG DER NÄHMASCHINE

Zum Lieferumfang von Nähmaschinen gehört meist ein Deckel. Falls nicht, decke sie mit einem sauberen Tuch ab, damit sie nicht verstaubt. Lagere sie aufrecht an einem trockenen Ort bei Zimmertemperatur.

TRANSPORT

Nimm für den Transport der Nähmaschine auf jeden Fall die Nadel heraus und klemme ein Tuch unter den Nähfuß, damit beim Transport nichts zwischen die Rillen auf der Stichplatte gerät oder die Nadel abbricht. Transportiere sie nur in der dafür vorgesehenen Box oder in einer stabilen Nähmaschinentasche.

Freundschaften muss man pflegen!

– KAPITEL 5 –

PROJEKTE

TECHNIKEN PRAKTISCH ANWENDEN

Jetzt geht's ans Eingemachte! Ich habe mir acht Projekte für dich überlegt, die du nacheinander nähen kannst.

Schritt für Schritt zeige ich dir bei jedem Projekt ein oder zwei Techniken mehr. Somit erfährst du alles genau direkt an der Stelle, an der Fragen entstehen könnten, ohne dass du dir einen umfangreichen Theorieteil vornehmen musst. Denn beim Nähen geht's ums Machen. Zahlreiche Bilder unterstützen dich bei deinen ersten Schritten. Einige Projekte sind mit „Challenge" oder „Challenge Deluxe" markiert – für alle, die sich selbst herausfordern möchten.

Am Ende hast du hoffentlich nicht nur acht wunderschöne und nützliche Teile für dich oder deine Liebsten SELBST genäht, sondern du beherrschst auch die grundlegenden Techniken. Dann kannst du dich voller Elan an schwierigere Projekte wagen.

Juhu!

TIPP

Alle Stoffe sollten vor dem Nähen gewaschen und gebügelt sein. Du weißt ja jetzt, warum! Wenn nicht, dann schau noch mal auf Seite 40 nach.

»VOM KÜCHENTUCH ZUM Meisterstück.«

TIPP

Nähe dir die Schürze (Seite 100) aus demselben Stoff wie die Tücher – für eine stylishe Küchenkollektion!

KÜCHENTUCH

Jetzt kommt Farbe in die Küche! Mit diesem tollen Küchentuch kannst du einen hübschen Hingucker für die Küche zaubern. Es ist ganz einfach genäht mit einem bunten, saugfähigen Stoff deiner Wahl. Auch als Geschenk eignet es sich perfekt.

DIESE TECHNIKEN LERNST DU

versäubern, geradeaus nähen, absteppen, schmaler Saum, Briefecke nähen

FERTIGE GRÖSSE

ca. 52 × 62 cm

DAS BRAUCHST DU (FÜR EIN KÜCHENTUCH)

60 cm Leinen oder Baumwollbatist, nach Belieben gemustert (110 cm breit)

farblich passendes Nähgarn

Handmaß oder Geodreieck

Markierstift oder Schneiderkreide

ZUSCHNEIDEN

1 cm Nahtzugabe ist in allen Schnittteilen enthalten.

1 × Küchentuch (SB 1)

1 × Aufhänger (SB 1)

VORBEREITEN

Versäubere beide Schnittteile an allen Kanten.

NÄHMASCHINENSTICHE

Geradstich, Stichlänge 2,5

Versäuberungsstich nach Wahl

TIPP

Hier musst du den Stoff zum Zuschneiden nicht wie üblich doppelt legen; achte aber unbedingt auf die Richtung des Fadenlaufs (siehe Seite 45).

Auch wenn die versäuberte Schnittkante später im Saum versteckt ist, solltest du vorab alle Kanten des Tuches und des Aufhängers versäubern (siehe auch Seite 71). An den Kanten des Küchentuchs kannst du nämlich prima üben. Vergiss nicht, an einem Stoffrest eine Nähprobe mit unterschiedlichen Stichbreiten zu machen, damit du die optimale Breite und Länge der Versäuberungsstiche austesten kannst.

SO GEHT'S

1 AUFHÄNGER VORBEREITEN
Falte das kleine Rechteck längs mittig zusammen; die linke Seite liegt innen. Bügle den Bruch, um die Mitte des Aufhängers zu markieren.

2 Klappe das gebügelte Teil wieder auf (die linke Stoffseite liegt vor dir) und falte die beiden Längsseiten jeweils bis zum Bügelfalz, sodass die Kanten in der Mitte aufeinander treffen. Bügle den Bruch ein.

3 Falte den Streifen noch einmal mittig zusammen, sodass die Kanten aufeinander liegen, und bügle ihn.

TIPP

Auf dem Nähfuß gibt es eine Einkerbung in der Mitte, die dir hilft, den Kantenabstand einzuhalten. Nähe mit diesem Abstand entlang der Kante und verriegle Anfang und Ende der Naht, damit sie später nicht aufgeht.

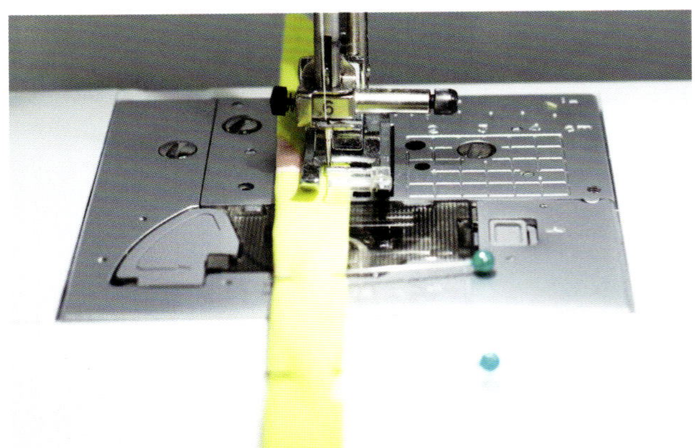

4 AUFHÄNGER KNAPPKANTIG ABSTEPPEN
Stelle den Geradstich ein und lege den Streifen mit den offenen Kanten auf der rechten Seite unter den Nähfuß. Dabei sollte die Nadel etwa 5mm Abstand zur rechten Kante haben.

5 SCHMAL VERSÄUMEN

Nimm nun das Schnittteil für das Küchentuch und schlage die Kanten möglichst gleichmäßig 1cm zur linken Seite um. Bügle den Umschlag sorgfältig flach.

TIPP

Das Umschlagen der Kanten geht leichter, wenn du zuvor mit Markierstift und Handmaß eine Hilfslinie auf der linken Seite mit einem Kantenabstand von 2cm zeichnest. Klappe die Kante bis zur Markierung um, so ist sie automatisch um 1cm eingeschlagen. Möchtest du die Kante 2cm umschlagen, wird die Hilfslinie bei 4cm markiert.

SCHMALER SAUM

Ein schöner Abschluss für Stoffkanten ist ein schmaler Saum. Dabei wird der Stoff am Rand doppelt eingeklappt, in der Regel 1 oder 2cm, und schließt so die offene Schnittkante ein. Perfekt für Blusen oder Tischdecken!

6 Klappe die Kanten erneut 1cm um und bügle sie flach. Die Schnittkanten sind nun im Saum versteckt. Die Ecken des Tuches liegen jetzt übereinander. Nun kannst du direkt zu Schritt 12 übergehen oder, als besondere Herausforderung, Briefecken arbeiten.

7 BRIEFECKE NÄHEN

Klappe den äußeren Umschlag wieder auf, der innere bleibt hier umgeschlagen.

BRIEFECKE

Diese Technik wird gern bei Ecken an Servietten, Küchentüchern oder Tischdecken verwendet. Sie gibt den Projekten einen professionellen Look.

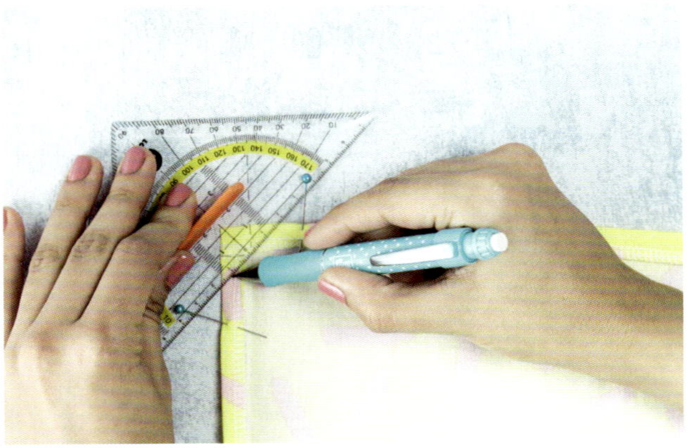

8 Zeichne an dem Punkt, an dem sich die Bügellinie des inneren Umschlags kreuzt, mit einem Handmaß oder einem Geodreieck eine Diagonale im 45-Grad-Winkel zur Ecke des Stoffs.

9 Falte das Teil an der Ecke so rechts auf rechts, dass die beiden Enden der Diagonalen aufeinandertreffen, stecke und nähe die Ecke dann genau auf der Linie ab. Verriegeln nicht vergessen!

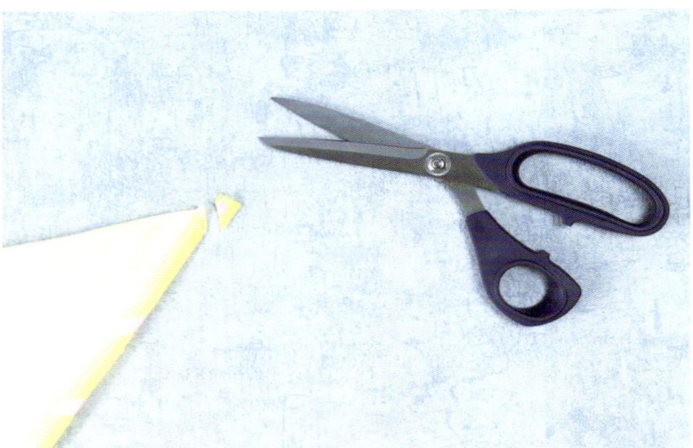

10 Kürze das überstehende Dreieck so, dass ein Abstand von 0,5cm zur Naht bleibt. Gehe dabei vorsichtig vor, damit du nicht in die Naht schneidest

11 Klappe die obere Ecke der gekürzten Nahtzugabe auf eine Seite. Stülpe die Ecke auf die rechte Seite um und drücke sie von innen mit einem stumpfen Stift o. Ä. vorsichtig nach außen, damit eine schöne Spitze entsteht. Bügle die Briefecke flach. Wiederhole den Vorgang an den anderen drei Ecken.

12 AUFHÄNGER PLATZIEREN

Schiebe den Aufhänger an einer der Tuchecken unter den Saum, bis die obere Ecke des Aufhängers jeweils an die innere Saumkante des Tuches stößt. Stecke den Aufhänger fest und auch den Saum.

13 SAUM ABSTEPPEN

Lege das Teil mit der linken Seite nach oben unter den Nähfuß. Steppe den Saum (ca. 8 mm breit) knapp entlang der inneren Umschlagkante ab. Etwa 8 mm vor den Ecken das Tuch um die Ecke (siehe Seite 68) drehen und bis zum Nahtanfang nähen.

14 So sieht das fertige Küchentuch von der linken Seite aus. Bügle alle Kanten, besonders die Ecken.

TIPP

Alternativ kannst du auch erst nur eine Kante festnähen, das Stück aus der Nähmaschine nehmen und dir dann die nächste Saumkante vornehmen. Vergiss nicht, die Nähte am Anfang und Ende zu verriegeln.

TATAA!

Herzlichen Glückwunsch!
Du hast ein wunderschönes Küchentuch gezaubert!

»DANKE, ICH BRAUCHE KEINE TÜTE, ICH HAB MEINEN BEUTEL MITGEBRACHT – *selbstgenäht!*«

EINKAUFSBEUTEL

MIT BINDEBÄNDCHEN

Wetten, dieser praktische Stoffbeutel wird dein ständiger Begleiter? Gefaltet und mit dem hübschen Satinbändchen zusammengehalten, kannst du ihn griffbereit in die Handtasche stecken, um dir beim nächsten Einkauf die Plastiktüte zu sparen.

DIESE TECHNIKEN LERNST DU

Schnittteile miteinander verstürzen, breiten Saum nähen, Saum doppelt absteppen, Taschenhenkel nähen, Nahtzugaben bügeln

FERTIGE GRÖSSE

ca. 40 × 43 cm

DAS BRAUCHST DU (FÜR EINEN STOFFBEUTEL)

70 cm Baumwollbatist, nach Belieben gemustert (140 cm breit)

Satinbändchen, ca. 20 cm

farblich passendes Nähgarn

Handmaß oder Geodreieck

Markierstift oder Schneiderkreide

ZUSCHNEIDEN

1 cm Nahtzugabe ist in allen Schnittteilen enthalten.

2 × Taschenkorpus (SB 1)

2 × Taschenhenkel (SB 1)

VORBEREITEN

Übertrage die Markierungen für die Taschenhenkel und die Drehpunkte auf die linke Stoffseite.

NÄHMASCHINENSTICHE

Geradstich, Stichlänge 2,5

TIPP

Nähe dir doch gleich zwei Beutel, für den Großeinkauf. Vergiss nicht, dass du dann auch die doppelte Menge Stoff benötigst.

SO GEHT'S

1 TASCHENTEILE MITEINANDER VERSTÜRZEN
Lege die Taschenteile rechts auf rechts aufeinander und stecke sie an den Seitenkanten und am Boden zusammen. Nähe sie an diesen drei Seiten zusammen. Beachte die Tipps auf Seite 68 zum Nähen von Ecken.

2 KANTEN VERSÄUBERN
Versäubere die Kanten zusammen und bügle die Nahtzugabe zur Seite. Drehe die Tasche nach rechts, drücke die Ecken vorsichtig mit einem stumpfen Stift o. Ä. nach außen und bügle die Nähte aus.

»Zack! VERSTÜRZT!«

3 BREITEN SAUM UMSCHLAGEN
Drehe die Tasche wieder nach links, schlage die obere Kante ringsherum 1cm nach links um (siehe auch Tipp auf Seite 83) und bügle den Umschlag flach.

VERSTÜRZEN

klingt so dramatisch. Als würde jemand irgendwo herunterstürzen. Dabei bedeutet es nur, dass zwei Stoffteile rechts auf rechts zusammengenäht und dann umgeklappt bzw. gewendet werden. So ist die rechte Seite danach schön sauber abgeschlossen und die Nähte befinden sich auf der linken Seite. Gar nicht so kompliziert, oder?

BREITER SAUM

Ein breiter Saum wird wie der schmale ebenfalls doppelt eingeschlagen, jedoch sollte der erste Umschlag schmaler sein als der zweite, damit der Saum nicht aufträgt. Er wird dadurch flacher und schöner.

4 Klappe die Kante noch einmal 3cm nach innen um und bügle sie flach. Stecke die Saumkanten fest

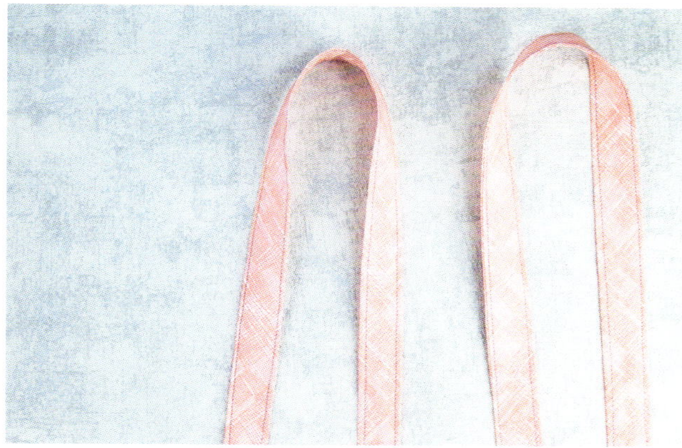

5 TASCHENHENKEL NÄHEN

Nun werden die Taschenhenkel gefertigt: Du kannst sie auf die gleiche Weise wie den Aufhänger nähen (siehe Seite 82, Schritt 1–4). Steppe beide Längsseiten der Henkel knappkantig ab.

6 TASCHENHENKEL ANBRINGEN

Schiebe die Henkel an den Markierungen der Taschenoberkante unter den eingeschlagenen Saum, bis die offenen Kanten der Henkel auf die innere Saumkante der Tasche treffen. Stecke sie fest.

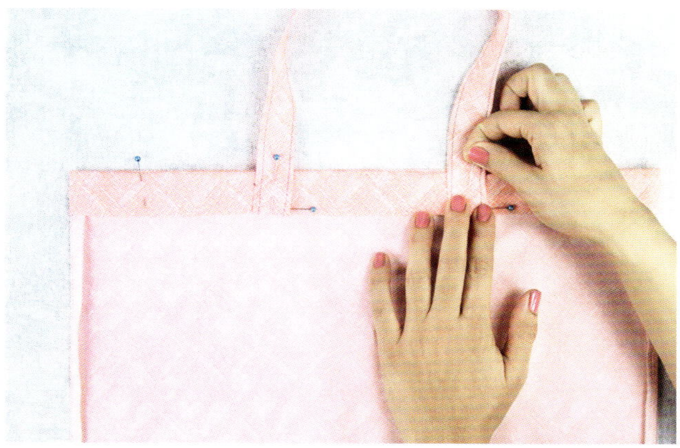

7 Klappe die Taschengriffe nun nach oben und stecke sie auf der linken Seite der Saumkante fest. Stecke die unteren Nadeln quer, damit du sie dann an der Nähmaschine leichter herausziehen kannst.

TIPP

Beginne bei mehrlagigen Stellen nicht direkt an der dicksten Stelle zu nähen. Starte am Seitenrand der Tasche und nähe zu den Henkeln, dann hat die Maschine schon etwas Schwung, wenn sie über den Henkel steppt. Beim Bergsteigen beginnst du ja schließlich auch nicht mit dem Gipfel!

8 SAUMKANTE DOPPELT ABSTEPPEN: Steppe nun den Saumumschlag von links mit einem Abstand von 2,5 cm zur Außenkante ab; dabei werden die Henkel mitgefasst. Steppe den Umschlag dann auch an der Oberkante knappkantig ab. Bügle die Nähte.

9 SATINBÄNDCHEN ANBRINGEN
Stecke das Satinbändchen mittig zwischen einen Henkel oben an die Taschenkante. Nähe das Bändchen mit ein paar Stichen an die Tasche. Vergiss nicht, die Naht mit Rückstichen zu sichern.

10 Falte den Beutel zusammen, lege das Bändchen herum und binde es zu einer Schleife. Kürze das Bändchen auf die gewünschte Länge.

HERZLICHEN GLÜCKWUNSCH!

Dein Einkaufsbeutel ist nun ausgehfertig!

»AUF IN DIE Kissenschlacht!«

KISSEN

Challenge

MIT HOTELVERSCHLUSS ODER REISSVERSCHLUSS

Kissen gehen einfach immer, vor allem, wenn sie selbst gemacht sind! Ob als Farbtupfer auf der Couch, im Bett oder als Geschenk für die beste Freundin ... Den Hotelverschluss kannst du mit Zierknöpfen versehen. Oder setze bei beiden Varianten ein Statement mit cooler Quastenborte.

DIESE TECHNIKEN LERNST DU

Knopf annähen, Reißverschluss einnähen, Ecken nähen, Borte annähen, Nahtzugaben auseinanderbügeln

FERTIGE GRÖSSE

ca. 40 × 40 cm

DAS BRAUCHST DU (FÜR EIN KISSEN)

50 cm Baumwollbatist oder Möbelstrukturstoff (mindestens 110 cm breit)

Kissenfüllung 40 × 40 cm

farblich passendes Nähgarn

Handmaß oder Geodreieck

Markierstift oder Schneiderkreide

MODELL A MIT HOTELVERSCHLUSS UND ZIERKNÖPFEN

3 Ösenknöpfe

MODELL B MIT REISSVERSCHLUSS (CHALLENGE)

Reißverschluss, 30 cm lang

VARIANTE C MIT QUASTENBORTE

2 m Quastenborte

ZUSCHNEIDEN

1 cm Nahtzugabe ist in allen Schnittteilen enthalten.

MODELL A MIT HOTELVERSCHLUSS

2 × Kissen Vorderteil (SB 1)

1 × Kissen Vorder-/Rückteil (SB 1)

MODELL B MIT REISSVERSCHLUSS

2 × Kissen Vorder-/Rückteil (SB 1)

VARIANTE C MIT QUASTENBORTE

Je nach gewählter Verschlussart die entsprechenden Schnittteile zuschneiden.

VORBEREITEN

ALLE MODELLE

Übertrage die Drehmarkierungen an den Ecken auf die linke Stoffseite an allen Schnittteilen.

MODELL B

Übertrage die Markierungen für den Reißverschluss auf die linke Stoffseite beider Schnittteile. Versäubere die Kanten ringsherum.

NÄHMASCHINENSTICHE

Zum Zusammennähen: Geradstich, Stichlänge 2,5
Zum Heften: Geradstich, 5 oder 6 (größte Stichlänge)

Versäuberungsstich nach Wahl

SO GEHT'S – KISSEN MIT HOTELVERSCHLUSS

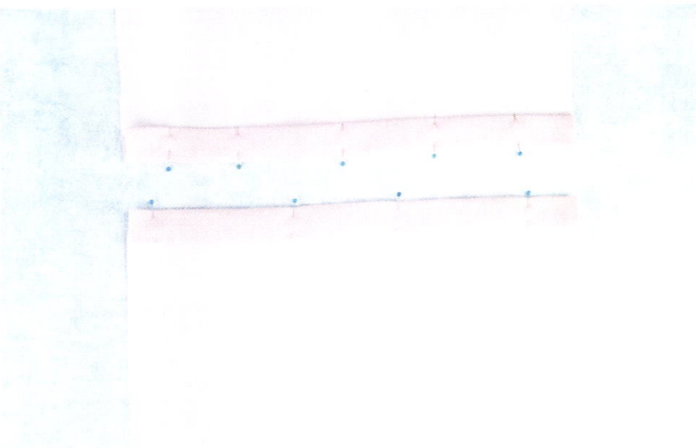

1 KISSENVORDERTEILE SÄUMEN
Bereite jeweils an einer Längskante der beiden Vorderteile einen doppelt eingeschlagenen breiten Saum vor und steppe ihn 2,5cm breit ab (siehe auch Kasten, Seite 88). Bügle den Saum flach.

2 KISSENVORDERTEILE ZUSAMMENHEFTEN
Stecke die Vorderteile so aufeinander, dass sich die Saumkanten überlappen (rechte Seiten oben). Zusammen sollten sie wie das Rückteil 42cm lang sein. Hefte die überlappenden Kanten dann mit 0,5cm Randabstand.

3 Stecke das Rückteil mit auf das fertige Vorderteil. Die rechten Seiten liegen aufeinander. Nähe die Kissenteile zusammen. Im Schnittmuster sind Drehpunkte zum Nähen der Ecken markiert (siehe auch Seite 68). Versäubere alle Kanten und bügle sie in eine Richtung. Befülle dein Kissen.

ZIERKNÖPFE ANNÄHEN

Die Ösenknöpfe dienen nur zur Zierde und haben keine Funktion. Daher nähst du die Knöpfe nur auf der oberen Saumkante an, diese bleibt offen.

4 KNÖPFE VON HAND ANNÄHEN
Faden einfädeln, doppelt legen, Enden verknoten. An den Knopfmarkierungen die Nadel von links durch den Stoff und durch die Knopföse stechen. Wieder nach unten durch den Stoff stechen, Faden straff ziehen. Nach oben durch den Stoff und die Öse stechen. Einige Male wiederholen, Faden verknoten. Nähe die zwei anderen Knöpfe genauso an.

WOW!

Toll ist dein Kissen geworden!

SO GEHT'S – KISSEN MIT REISSVERSCHLUSS (CHALLENGE)

1 REISSVERSCHLUSS AN DIE KISSENTEILE NÄHEN
Lege die beiden Kissenteile rechts auf rechts und stecke sie an den Seiten mit den Reißverschlussmarkierungen zusammen. Achte darauf, dass die Kanten und Markierungen genau aufeinander liegen.

2 Nähe jeweils bis zu den Markierungen mit einer Nahtzugabe von 1,5 cm. Verriegle die Nähte am Anfang und Ende. Hefte die Strecke dazwischen mit langen Stichen ebenfalls mit einer Zugabe von 1,5 cm. Verriegle diese Naht nicht, damit du sie später leichter auftrennen kannst

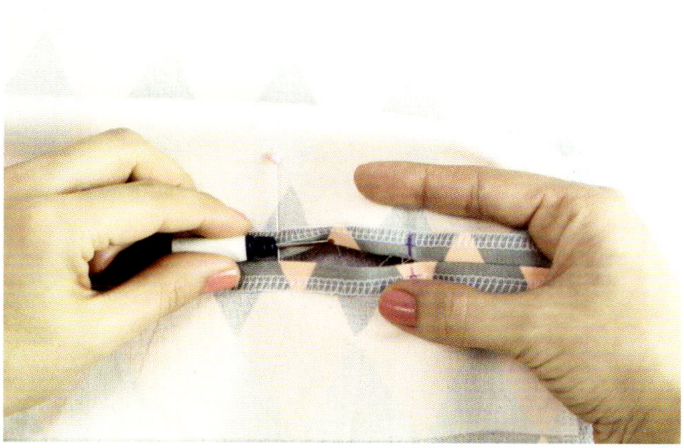

3 Trenne die Heftnaht an einer Seite etwa 5 cm zur Reißverschlussmarkierung wieder auf. Lege die beiden zusammengenähten Teile so auf den Tisch, dass die aufgetrennte Naht auf der rechten Seite liegt.

TIPP

Beim Auftrennen der Heftnaht schneidest du am besten den Unterfaden alle 2 cm mit dem Nahttrenner durch, dann lässt er sich leicht lösen.

4 Klappe eine Nahtzugabe auf und bügle sie flach nach unten auf die linke Stoffseite. Die rechte Seite der anderen Nahtzugabe liegt sichtbar vor dir. Platziere den Reißverschluss rechts auf rechts an der Außenkante dieser Nahtzugabe. Der Zipper liegt dabei rechts auf der aufgetrennten Heftnaht. Stecke die Reißverschlusskanten bündig an der oberen Nahtzugabe fest.

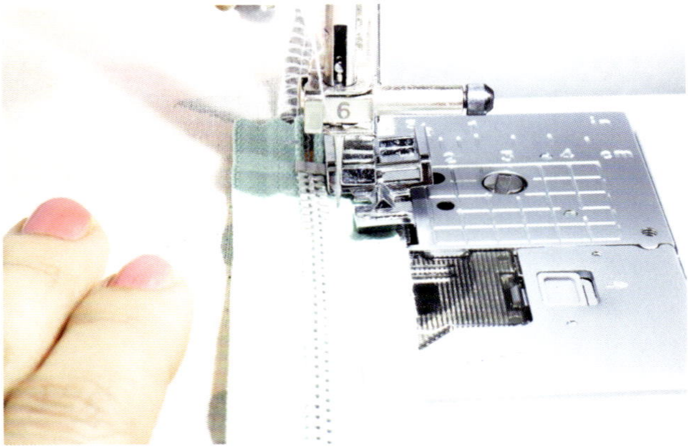

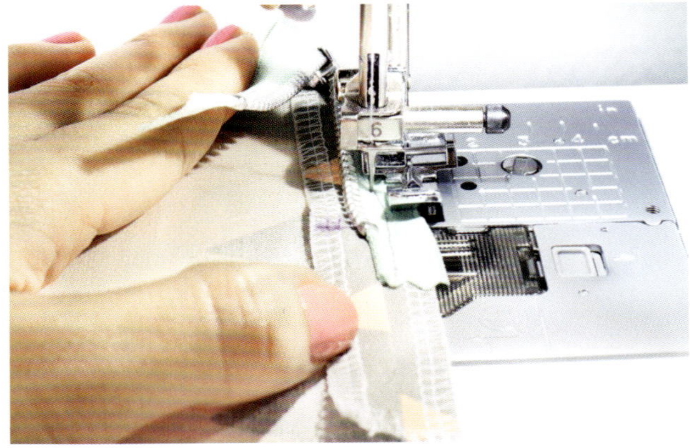

5 Das Reißverschlussfüßchen einsetzen (siehe Seite 55); es muss rechts von der Nadel liegen. Am unteren Stopper beginnen, die linke hintere Kante des Nähfußes verläuft entlang der Zähnchen, dicht daran den Reißverschluss festnähen. Am Verschlussanfang vorsichtig im Bogen um den Zipper herumnähen.

6 Der Bogen am Reißverschlussanfang wird jetzt begradigt: Öffne den Reißverschluss etwa um ein Viertel und lege das Stoffteil ein paar Zentimeter vor dem Bogen unter den Nähfuß, sodass der Zipper der Nadel beim Nähen nicht mehr im Weg ist. Schließe den Bogen mit einem geraden Stich.

7 Schließe den Reißverschluss und lege die noch lose Reißverschlussseite rechts auf rechts auf die Kante des anderen Kissenteils. Stecke sie dort fest.

8 Lege die zweite Reißverschlusskante wie in Schritt 5 unter das Füßchen. Lasse den Reißverschluss geschlossen, beginne knapp unterhalb des Zippers und nähe dicht an den Zähnchen bis zum Ende. Nimm das Teil aus der Nähmaschine. Greife durch die 5cm große Öffnung und öffne den Reißverschluss so weit wie möglich. Nun noch mal einige Zentimeter über den Nahtanfang steppen. Verriegle die Naht.

9 HEFTNAHT AUFTRENNEN
Wende das Kissenteil auf die rechte Seite und trenne die Heftnähte in der Mitte mit einem Fadentrenner auf. Bügle vorsichtig von rechts auf die Naht.

10 Steppe ca. 1,5 cm vom Reißverschlussende bzw. -anfang entfernt 1 cm lange Quernähte und verriegle sie. Das verhindert, dass die Reißverschlussnaht z. B. beim Befüllen des Kissens aufreißt.

11 KISSEN AN DEN SEITEN ZUSAMMENNÄHEN
Öffne den Reißverschluss, damit du das Kissen später wenden kannst. Stecke die Stoffteile rechts auf rechts an den drei offenen Seiten zusammen. Die Ecken und Kanten sollten genau aufeinandertreffen. Nähe die Teile an den drei Seiten zusammen.

12 Wende die Kissenhülle durch den offenen Reißverschluss. Drücke die Ecken mithilfe eines stumpfen Stifts o. Ä. heraus, bügle die Kanten aus und lege die Füllung hinein. Perfekt – dein Kissen ist fertig!

JUHU!
Du hast deinen ersten Reißverschluss eingenäht!

SO GEHT'S – KISSEN MIT QUASTENBORTEN

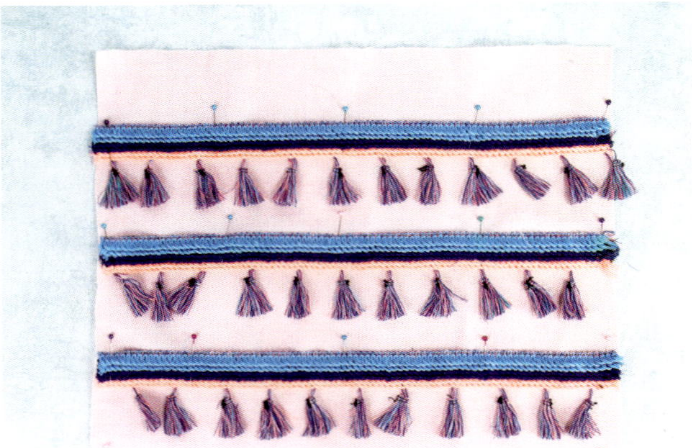

1 Schneide die Quastenborte in der Breite des Kissenschnittteils zu und stecke sie mit der linken Seite nach unten in gleichmäßigen Abständen auf dem Kissenvorderteil fest. Du kannst zuvor mit Markierstift und Geodreieck Hilfslinien zeichnen.

2 Steppe die Bortenstreifen dann an der oberen Kante knappkantig auf dem Kissenvorderteil fest. Achte dabei darauf, dass die Quasten sich nicht in der Nähnadel verheddern.

3 An den Seiten sollten sich keine Quasten innerhalb der Nahtzugabe befinden. Schneide sie ggf. ab. Bringe wahlweise einen Hotelverschluss oder einen Reißverschluss wie auf den vorhergehenden Seiten an und nähe die Kissenhülle wie beschrieben fertig.

»DAS GIBT Sterne AM Nähtisch!«

KÜCHENSCHÜRZE

MIT KNÖPFEN

Minimalistisch und durch die Ösenknöpfe doch leicht verspielt: Die Küchenschürze ist das perfekte Teil für gesellige Kochabende mit Freunden. Mit den Knöpfen kannst du die Trägerlänge regulieren. Bei diesem Projekt lernst du, wie man ein Knopfloch näht.

DIESE TECHNIKEN LERNST DU

Taschen aufsetzen, Knopfloch nähen

FERTIGE GRÖSSE

Einheitsgröße

DAS BRAUCHST DU

150 cm Baumwollbatist oder Leinen (140 cm breit)

2 Knöpfe, ca. 3 cm Ø

leichtes Bügelvlies, z. B. H 200 oder H 250

farblich passendes Nähgarn

Handmaß oder Geodreieck

Markierstift oder Schneiderkreide

ZUSCHNEIDEN OBERSTOFF

1 cm Nahtzugabe ist in allen Schnittteilen enthalten.

1 × Schürzenteil im Stoffbruch (SB 2)

2 × Bindeband im Stoffbruch (SB 2)

1 × Träger im Stoffbruch (SB 2)

2 × Tasche (SB 2)

ZUSCHNEIDEN BÜGELVLIES

Streifen in der Länge des oberen Schürzenrands, 3 cm breit

VORBEREITEN

Bügle den Vliesstreifen mit 1 cm Abstand zur Oberkante des Schürzenteils auf die linke Stoffseite.

Übertrage die Markierung für das Knopfloch und die Taschen auf die rechte Stoffseite und restlichen Markierungen auf die linke.

NÄHMASCHINENSTICHE

Geradstich, Stichlänge 2,5

Versäuberungsstich nach Wahl

Knopflochstich

SO GEHT'S

1 BINDEBÄNDER UND TRÄGER NÄHEN
Schlage an den Bändern und dem Träger jeweils eine Schmalseite 1cm nach links um und bügle sie flach. Nähe diese Teile wie den Aufhänger auf Seite 82, aber steppe auch die umgeschlagenen Schmalseiten ab. Es bleibt an jedem Teil eine Schmalseite offen.

2 SCHÜRZE AN DER OBERKANTE UMSCHLAGEN
Das Schürzenteil an den Rundungen zweimal 1cm nach links umschlagen und feststecken. Die Umschläge von links mit ca. 0,8cm Abstand zur Außenkante absteppen, bügeln. Die gerade obere Kante zuerst 1cm und dann 3cm nach links umbügeln.

3 TRÄGER ANNÄHEN
Schiebe den Träger mit der offenen Schmalseite unter die umgeschlagene Oberkante, bis er auf die innere Kante des Umschlags trifft, und stecke ihn fest. Dabei soll der Abstand zur Seite jeweils 1cm betragen. Steppe den Umschlag mit 3cm Kantenabstand fest. Dabei wird der Träger mitgefasst.

4 Klappe den Träger nach oben, sodass er von der rechten Seite sichtbar ist, und stecke ihn fest. Steppe das Schürzenteil nun oben mit einem Abstand von nur 0,5cm knappkantig zur Kante ab, dabei wird der Träger ein weiteres Mal mitgefasst.

5 SEITEN SÄUMEN UND BINDEBÄNDER ANNÄHEN
Schlage jede Schürzenseite zweimal 1cm um. Schiebe dann jeweils die offene Schmalseite eines Bands mit 1cm Abstand zur oberen Ecke unter den Umschlag (wie den Träger). Steppe die Seite mit 0,8cm Kantenabstand fest. Dabei wird das Band mitgefasst.

6 Klappe die Bindebänder nach außen, sodass sie von der rechten Seite zu sehen sind, und stecke sie fest. Steppe sie mit einer kurzen Naht an den Seiten fest. Beginne dabei jeweils ca. 1cm vor dem Bindeband und ende 1cm danach. Verriegle die Naht.

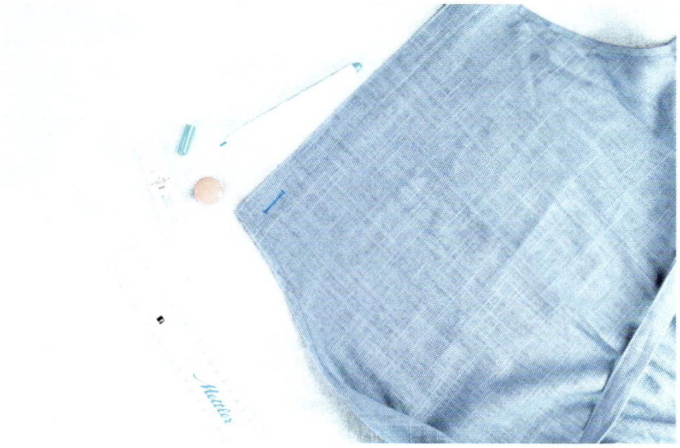

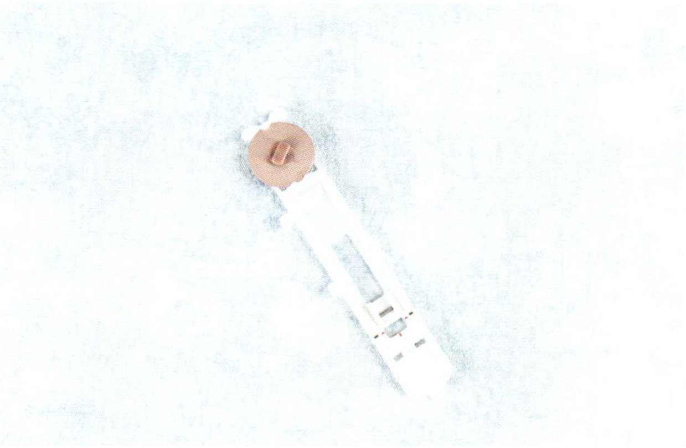

7 Messe den Knopfdurchmesser. Markiere diese Länge für das Knopfloch auf der Schürze; der Abstand zur Oberkante und zur Seite soll jeweils 2cm betragen.

8 Setze den Knopf im Knopflochfuß ein. Dafür stellst du den beweglichen Schieber hinten am Knopflochfuß so ein, dass der Knopf genau hineinpasst.

KNOPFLOCH NÄHEN

Knopflöcher zu nähen ist leichter als gedacht. Wenn deine Nähmaschine eine Knopflochautomatik hat, kannst du ihr sogar zusehen, wie sie das Knopfloch mühelos für dich näht.

9 KNOPFLOCH NÄHEN
Den Knopflochfuß mit dem Knopf in die Maschine einsetzen, der Knopflochschieber liegt hinten. Den Abstandshalter links nach unten schieben, damit ist die Größe festgelegt. Den Knopflochstich einstellen (siehe Nähmaschinenhandbuch).

10 Markiere den Anfang des Knopflochs mit einer Stecknadel. Platziere den Stoff genau an der Knopflochmarkierung unter dem Nähfuß. Die Stecknadel liegt jetzt unter der eingekerbten Markierung und die Längslinie der Knopflochmarkierung stimmt mit der mittleren Einkerbung auf dem Nähfuß überein.

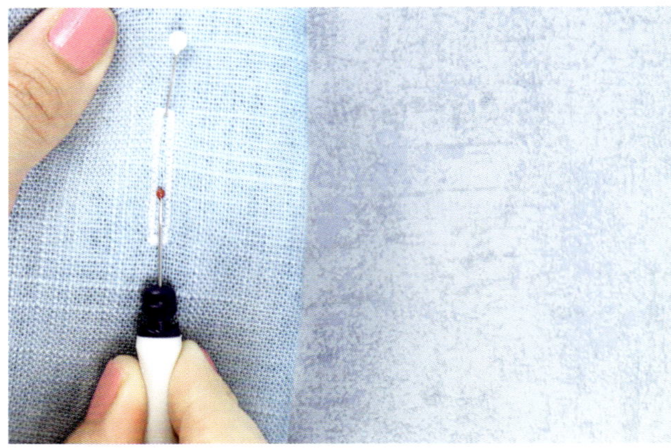

11 Ziehe die Stecknadel aus dem Stoff und starte den Nähvorgang. Die Maschine näht das Knopfloch fast von selbst, du unterstützt sie dabei, indem du den Stoff an der Maschine nur ganz locker führst. Beachte auf jeden Fall die Anweisungen im Handbuch, denn die Knopflochautomatik funktioniert je nach Nähmaschinentyp etwas unterschied ich.

12 KNOPFLOCH AUFSCHNEIDEN
Setze einen Nahttrenner an ein Ende zwischen die Knopflochnähte und stich damit vorsichtig in den Stoff. Arbeite langsam, damit du die Stiche nicht durchtrennst. Sicherheitshalber kannst du eine Stecknadel als Stopper an das Ende setzen. Schiebe den Trenner bis zur Mitte. Dann öffnest du das Knopfloch vom anderen Ende aus bis zur Mitte.

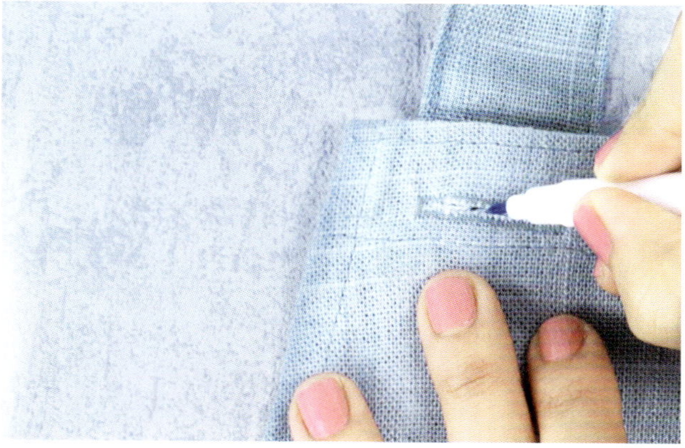

13 Markiere nun die Knopfposition: Binde dir dafür die Schürze um und stecke den Träger auf passender Höhe fest. Er sollte genau mittig unter dem Knopfloch liegen. Nimm die Schürze wieder ab und markiere durch das Knopfloch hindurch mittig die Knopfposition auf dem Träger.

14 Miss anschließend am Träger von der ersten Knopfposition aus 4 cm nach oben (also zur längeren Seite des Trägers) und markiere dann mittig die Position für den zweiten Knopf.

15 Fädle einen ca. 40 cm langen Faden in eine Handnähnadel ein. Lege den Faden doppelt und verknote die Enden miteinander. Stecke die Nadel an einer Knopfmarkierung von der linken Seite durch den Stoff und durch die Knopföse. Führe sie von rechts wieder zur Markierung und nach unten. Wiederhole den Vorgang, bis der Knopf fest sitzt. Zum Schluss auf der linken Seite das Fadenende verknoten.

16 AUFGESETZTE TASCHE NÄHEN
Schlage jeweils die untere und die beiden seitlichen Taschenkanten 1 cm nach links um und bügle sie flach. Bügle die oberen Taschenkanten zuerst 1 cm nach links um und danach noch einmal 3 cm. Steppe die oberen Kanten mit 2,5 cm Randabstand fest.

17 Bügle die oberen Taschenkanten zuerst 1cm nach links um und danach noch einmal 3cm. Steppe die oberen Kanten mit 2,5cm Randabstand fest.

18 Stecke nun die Taschen links auf rechts auf die Markierung am Schürzenteil. Probiere die Schürze an, um zu prüfen, ob die Taschen auf passender Höhe sitzen. Ändere die Position ggf. ab. Steppe die Taschen jeweils an den Seiten und unten knappkantig fest.

19 Verstärke die Eingriffkanten der Taschen links und rechts mit kleinen gesteppten Dreiecken. Du kannst die Dreiecke mit einem Markierstift vorzeichnen und dann mit kleinen Stichen steppen.

TIPP

Bei Schritt 18 wird der Stoff auf der rechten Seite der Nähmaschine im Weg sein – die Abstandsmarkierungen sind dadurch nicht sichtbar. Orientiere dich deshalb beim knappkantigen Nähen an der mittleren Kerbe im Nähfuß. Solange du den Abstand zu ihr gleichmäßig einhältst, nähst du gerade.

Magnifique! Und jetzt, bon appétit!

CLUTCH

FÜR DAS NOTEBOOK

Wann immer du diese Notebook-Clutch aus der Tasche nimmst – viele „Aaahs" und „Ooohs" sind garantiert! Durch das breite Elastikband ist die Hülle auch unterweg fest verschlossen. Die Clutch wird mit Volumenvlies gefüttert, so ist das Notebook rundum geschützt.

DIESE TECHNIKEN LERNST DU

verstürzte Tasche wenden, Wendeöffnungen zunähen, Volumenvlies aufbügeln, durch dicke Stofflagen nähen, Rundungen nähen und einknipsen

FERTIGE GRÖSSE

Die Clutch eignet sich für Notebooks mit den Maßen 20 × 30 cm (bis zu einer Dicke von 2 cm)

Größe: ca. 21 × 33 cm

DAS BRAUCHST DU

Oberstoff: 50 cm Baumwollbatist, Canvas, Möbelstrukturstoff oder Denim (140 cm breit)

Futterstoff: 50 cm Baumwollbatist (140 cm breit)

Elastikband

Volumenvlies zum Aufbügeln, z.B. H 630

farblich passendes Nähgarn

Handmaß oder Geodreieck

Markierstift oder Schneiderkreide

ZUSCHNEIDEN OBERSTOFF

1 cm Nahtzugabe ist in allen Schnittteilen enthalten.

1 × Taschenklappe im Stoffbruch (SB 2)

2 × Taschenkorpus im Stoffbruch (SB 2)

ZUSCHNEIDEN FUTTERSTOFF

1 × Taschenklappe im Stoffbruch (SB 2)

2 × Taschenkorpus im Stoffbruch (SB 2)

ZUSCHNEIDEN VOLUMENVLIES

1 × Taschenklappe im Stoffbruch (SB 2)

2 × Taschenkorpus im Stoffbruch (SB 2)

VORBEREITEN

Bügle das Volumenvlies auf alle Teile aus Oberstoff auf die linke Seite.

Übertrage die Markierungen für das Elastikband und die Taschenklappe auf die rechte Seite des Oberstoffes und alle anderen Markierungen auf die linke Stoffseite aller Teile.

ZUSCHNEIDEN ELASTIKBAND

Lege das Elastikband einmal um die schmale Seite deines Notebooks; das Band darf nicht spannen. Füge zu diesem Maß noch 3 cm Zugabe hinzu (1 cm Nahtzugabe, 2 cm Spielraum) und schneide das Band zu.

NÄHMASCHINENSTICHE

Zum Zusammennähen: Geradstich, Stichlänge 2,5
Für die Rundung der Taschenklappe: Geradstich, Stichlänge 2

Versäuberungsstich nach Wahl

SO GEHT'S

1 TASCHENKLAPPE NÄHEN

Stecke die beiden Schnittteile aus Ober- und Futterstoff für die Taschenklappe rechts auf rechts und nähe sie entlang der gerundeten Kante zusammen (siehe auch Rundungen nähen, Seite 69).

2 RUNDUNGEN EINKNIPSEN

Schneide an den Nahtzugaben kleine Dreiecke bis kurz vor der Naht heraus, damit die Kanten an den Rundungen nach dem Wenden flach liegen. Achte darauf, nicht in die Naht zu schneiden.

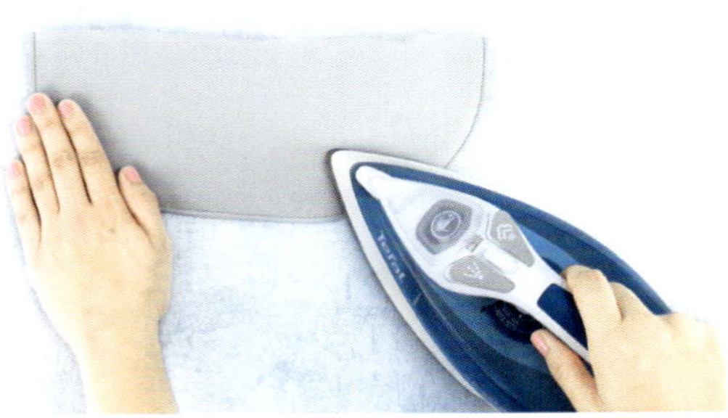

3 Wende die Taschenklappe nach rechts und schiebe die Nahtkante von innen mit einem stumpfen Stift o. Ä. vorsichtig nach außen. Bügle die Rundung schön in Form. Steppe die Rundung knappkantig ab und bügle die Klappe noch einmal.

4 ELASTIKBAND AN DEN TASCHENKORPUS NÄHEN

Lege das Rückteil aus Oberstoff mit der rechten Seite nach oben auf den Tisch. Lege das Elastikband zu einer Schlaufe (jedoch nicht um das Teil herum!) und lege die Enden mittig auf die Markierung an der unteren Kante des Taschenkorpus. Nähe die Bandenden mit einem Elastikstich knappkantig fest.

5 TASCHENTEILE AUS OBERSTOFF ZUSAMMENNÄHEN
Lege das Vorderteil aus Oberstoff rechts auf rechts auf das Rückteil und stecke die Teile bis auf die obere Seite aufeinander. Das Elastikband befindet sich zwischen den beiden Teilen. Nähe sie an den drei Seiten bis zu den Markierungen zusammen.

6 Schneide an der Nahtzugabe unten an den Rundungen wieder vorsichtig kleine Dreiecke heraus. Nähe auf die gleiche Weise die Futterteile zusammen, lasse jedoch am Boden eine Wendeöffnung von ca. 8cm frei.

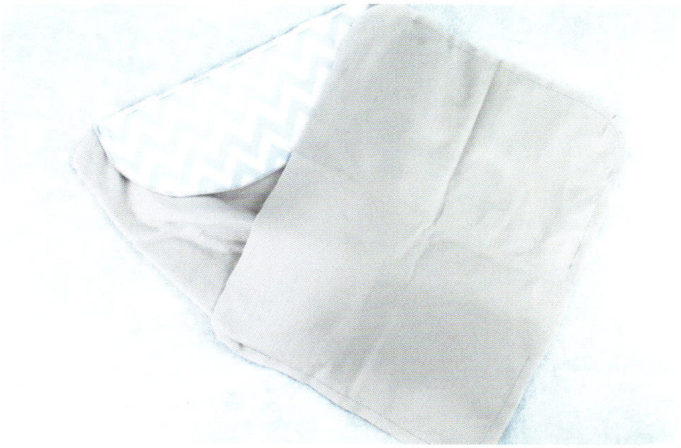

7 TASCHENKLAPPE AN TASCHENKORPUS NÄHEN
Wende die Außentasche nach rechts. Stecke die Taschenklappe rechts auf rechts an die offene Kante des Rückteils. Achte darauf, dass die Markierung des Taschenkorpus auf die Markierung der Klappe trifft. Nähe die Klappe an der Außentasche fest.

8 TASCHENTEILE INEINANDERSTECKEN
Die Futtertasche bleibt nach links gedreht. Stecke nun die nach rechts gewendete Außentasche mit der Klappe in die Futtertasche. Außen- und Futtertasche liegen also rechts auf rechts.

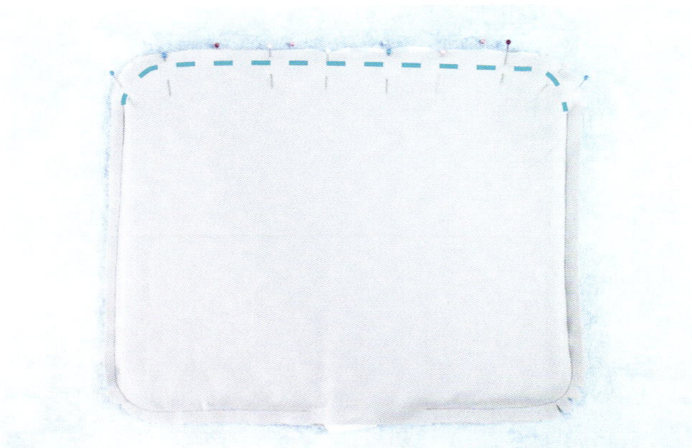

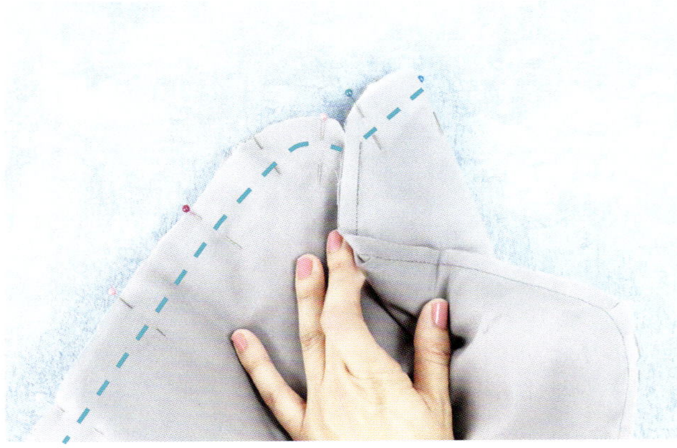

9 Stecke die Teile an den oberen Kanten aufeinander. Die Klappe befindet sich innen zwischen Ober- und Futterstoff. Die Markierungen aller drei Lagen liegen aufeinander. Achte darauf, dass alle Seitennähte aufeinandertreffen und das Rückteil der Außentasche auf das Rückteil der Futtertasche trifft.

10 Nähe von einer Seitennaht zur nächsten jeweils die Vorder- und Rückteile von Futter- und Außentasche zusammen (siehe auch Bild 9). Entferne hierfür ggf. das Zubehörfach, damit du die Tasche besser auf der Stichplatte positionieren kannst. Knipse die oberen Rundungen an allen Seiten ein.

11 Wende die ganze Tasche, indem du in die Öffnung unten an der Futtertasche greifst und den Oberstoff vorsichtig herausziehst.

12 Stecke das Futter nun in die herausgezogene Außenhülle. Arbeite die Kanten schön heraus, indem du durch die Wendeöffnung greifst und die Rundungen mit den Fingern nach außen schiebst.

13 Bügle die Kanten und vor allem die Rundungen sorgfältig aus. Schließe die Wendeöffnung mit dem Matratzenstich von Hand (siehe Seite 75).

DIE RUNDUNG IST NICHT GELUNGEN?

Die Rundung der Taschenklappe sieht eher aus wie ein eingedellter Ball? Das ist nicht schlimm. Vielleicht musst du nicht einmal auftrennen. Wenn du innerhalb der Nahtzugabe schief genäht hast, kannst du mit einem Bleistift die richtige Linie vor der Naht nachziehen und dann die Naht nachsteppen.

Hast du außerhalb der Nahtzugabe genäht, zeichnest du die Rundung mit einem Bleistift nach und nähst sie korrekt nach. Beginne dabei ca. 1cm vor der Korrektur in der bestehenden Naht und nähe ca. 1cm darüber hinaus. Verriegle Anfang und Ende der neuen Naht. Die falsch genähte Stelle kannst du nun mit dem Nahttrenner auftrennen. Arbeite dabei auf der Seite, auf der sich keine Einlage befindet. Projekt gerettet!

FERTIG!

Viel Spaß mit deiner coolen selbstgenähten Clutch!

TIPP

Die Hülle kannst du auch für dein analoges Notizbuch nutzen. Sie reicht für Bücher bis Größe A4. Mit entsprechendem Stoff kann der Schnitt auch für eine schicke Ausgeh-Clutch genutzt werden. Bügle dafür zusätzlich dünnes Vlies (H 250) unter das Volumenvlies auf Ober- und Futterstoff, damit die Tasche mehr Stand hat.

WÄRMFLASCHENHÜLLE

MIT TUNNELZUG

Gibt es etwas Schöneres, als in kalten Nächten in ein warmes Bett zu schlüpfen? Kuschelig vorgewärmt mit einer hübsch umhüllten Wärmflasche. Es ist das perfekte Projekt, um Techniken zu vertiefen und zu lernen, wie man einen Tunnelzug näht.

DIESE TECHNIKEN LERNST DU

Tunnelzug nähen, Kordel einziehen, schmale Öffnungen nähen

FERTIGE GRÖSSE

ca. 22 × 38 cm

Die Hülle eignet sich für eine Wärmflasche mit den Maßen 20 × 31 cm

DAS BRAUCHST DU

Oberstoff: 50 cm Baumwollbatist (140 cm breit)

Futterstoff: 50 cm Baumwollbatist (140 cm breit)

Volumenvlies zum Aufbügeln, z.B. H 630

kleine Sicherheitsnadel

1 m dünne Kordel, ca. 0,5 cm Ø

farblich passendes Nähgarn

Handmaß oder Geodreieck

Markierstift oder Schneiderkreide

ZUSCHNEIDEN OBERSTOFF

1 cm Nahtzugabe ist in allen Schnittteilen enthalten.

2 × Wärmflaschenhülle im Stoffbruch (SB 2)

1 × Tunnelzug (SB 2)

ZUSCHNEIDEN FUTTERSTOFF

2 × Wärmflaschenhülle im Stoffbruch (SB 2)

ZUSCHNEIDEN VOLUMENVLIES

2 × Wärmflaschenhülle im Stoffbruch (SB 2)

VORBEREITEN

Übertrage alle Markierungen vom Schnitt auf die rechte Seite des Oberstoffes.

Bügle das Volumenvlies auf alle Futterteile.

NÄHMASCHINENSTICHE

zum Zuammennähen: Geradstich, Stichlänge 2,5
zum Absteppen des Tunnelzugs: Geradstich, Stichlänge 3

Versäuberungsstiche nach Wahl

SO GEHT'S

1 TUNNELZUG NÄHEN
Versäubere die Kanten des Streifens für den Tunnelzug. Schlage dann alle Kanten 1cm nach links um. Steppe den Umschlag an den Schmalkanten fest.

2 HÜLLENTEILE NÄHEN UND WENDEN
Lege die beiden Hüllenteile aus Oberstoff rechts auf rechts aufeinander, stecke sie an den Seiten und der Unterkante zusammen und nähe sie bis auf die obere Kante zusammen. Knipse die Rundungen unten ein (siehe auch Seite 110, Schritt 1–2).

Wiederhole den Vorgang mit den Futterteilen und lasse unten eine Wendeöffnung von 4cm frei. Drehe jetzt die Außenhülle nach rechts und stecke sie in die nach links gedrehte Futterhülle. Die rechten Seiten treffen also aufeinander. Stecke die Teile an der oberen Kante aufeinander und nähe sie ringsherum zusammen.

Drehe die Hülle durch die Wendeöffnung nach rechts (siehe auch Seite 112, Schritt 11–12). Bügle die Naht an der Oberkante aus und steppe sie von rechts knappkantig ab. Schließe die Wendeöffnung von Hand mit dem Matratzenstich (siehe Seite 75).

3 TUNNELZUG MARKIEREN
Prüfe anschließend, ob die Höhe der Tunnelzugmarkierung auch für dein Wärmflaschenmodell passt, indem du dieses vom Boden bis zum Anfang des Flaschenhalses abmisst.

4 Markiere diese Höhe an der Hülle rechts und links mit Stecknadeln. Markiere auf dieser Höhe auch die Mitte der Hülle, an der der Tunnelzug beginnt und endet, mit einer Stecknadel.

5 Verbinde mithilfe eines Handmaßes und eines Markierstifts die beiden äußeren Punkte zu einer geraden Linie, und führe diese auf dem Rückteil fort.

6 Lege die untere Kante des Tunnelzugstreifens an diese Linie an und stecke den Streifen fest. Achte darauf, dass du das Rückteil nicht mit feststeckst (Tipp folgende Doppelseite).

DIESE HÜLLE IST DAS *perfekte* *Geschenk* FÜR DIE BESTE FREUNDIN!

1

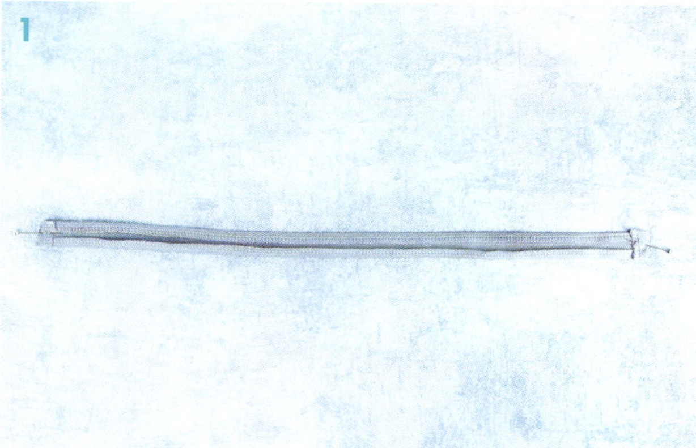

2

3

4

5

6

7 TUNNELZUGSTREIFEN FESTSTEPPEN
Damit beim Feststeppen des Streifens das Rückteil der Hülle nicht mitgefasst wird, arbeitest du mit dem Freiarm: Schiebe das Zubehörfach nach links und nimm es ab. Schiebe die Hülle (rechte Seite außen) über den Freiarm. Platziere den Streifen unter dem Nähfuß und steppe ihn ringsherum knappkantig fest.

8 Falls deine Maschine keinen Freiarm hat, drehst du die Hülle nach links und legst sie mit dem Streifen unter den Nähfuß. Die Futterhülle liegt außen und die Öffnung rechts von dir. Nun kannst du die obere Kante des Streifens ringsherum knappkantig festnähen; dabei drehst du die Hülle mit.

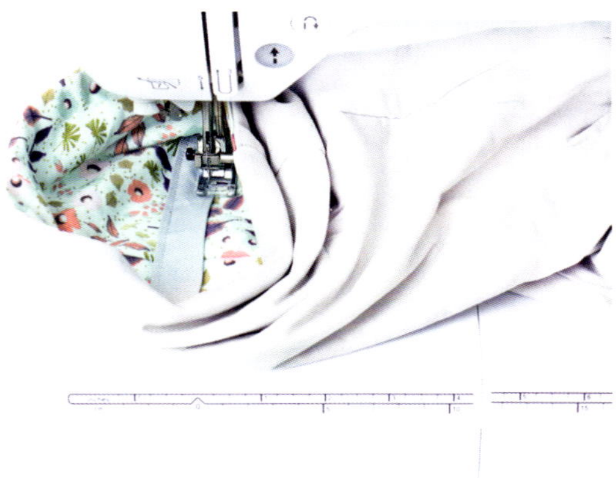

NÄHEN VON SCHMALEN ÖFFNUNGEN

Das Nähen des Tunnelzugs an dieser relativ schmalen Öffnung ist etwas anspruchsvoll, wenn man es noch nie gemacht hat. Du musst beim Nähen einerseits darauf achten, dass du die untere Seite der Hülle abhältst, um nicht versehentlich beide Lagen zusammenzunähen. Andererseits muss die schmale Öffnung so platziert werden, dass trotzdem so komfortabel wie möglich genäht werden kann.

9 Jetzt nähst du die untere Kante des Streifens fest: Dafür lässt du die Hülle links gewendet und positionierst den Tunnelzugstreifen so unter dem Nähfuß, dass die Öffnung der Hülle sich diesmal links von dir befindet. Nähe die untere Streifenkante knappkantig fest und drehe die Hülle wieder mit.

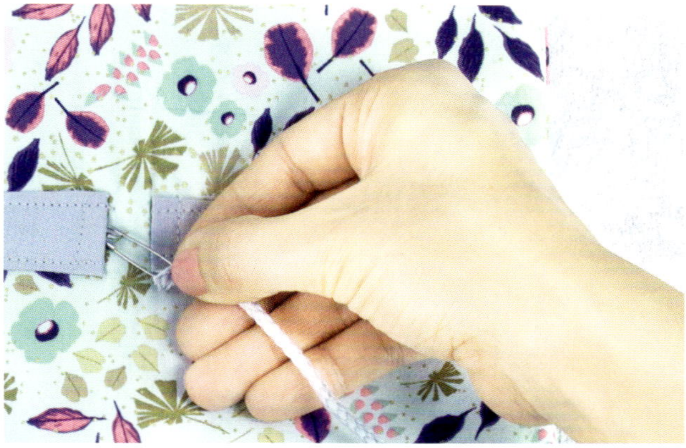

10 Nimm jetzt die Kordel und befestige (etwas zurückversetzt) eine Sicherheitsnadel an einem Ende. Schiebe die Kordel mithilfe der Sicherheitsnadel nach und nach durch den Tunnel, bis sie auf der anderen Seite wieder hervorkommt.

11 Schiebe die Wärmflasche nun in die Hülle. Halte die Kordelenden fest und schiebe den Stoff am Tunnelzug zusammen. Binde die Kordel zu einer Schleife und verknote die Kordelenden. Kürze sie, falls nötig, auf die gewünschte Länge.

ET VOILÀ!

Der Anblick dieser Wärmflasche macht richtig Lust auf einen kuscheligen Serien-Abend im warmen Bett!

»Ein schickes Raumwunder,
WENNS MAL DIE GROSSE
SHOPPINGRUNDE SEIN SOLL.«

PRAKTISCHER

GROSSER SHOPPER

Dieser Shopper ist ein lässiger Begleiter beim Großeinkauf, die robusten Gurtbänder machen ihn äußerst stabil. In der Innentasche mit Reißverschluss kann alles Wichtige sicher verwahrt werden. Der Magnetverschluss hält alles diskret zusammen.

DIESE TECHNIKEN LERNST DU

Taschengurte annähen, Taschenboden zusammennähen, Reißverschluss in Innentasche einsetzen, Magnetverschluss anbringen

FERTIGE GRÖSSE

ca. 48 × 41 cm

DAS BRAUCHST DU

Oberstoff: 1 m fester Baumwollstoff wie Canvas, leichter Polsterstoff, Jeansstoff oder Cord (140 cm breit)

Oberstoff Taschenboden: 50 cm Möbelstrukturstoff oder Möbelvelours (140 cm breit)

Futter: 1 m Baumwollbatist (140 cm breit)

50 cm leichtes Bügelvlies, z. B. H 250

Reißverschluss, 20 cm lang

3 m Taschengurtband

Magnetverschluss, 2 cm Ø

farblich passendes Nähgarn

Handmaß oder Geodreieck

Markierstift oder Schneiderkreide

ZUSCHNEIDEN OBERSTOFF

1 cm Nahtzugabe ist in allen Schnittteilen enthalten.

1 × Taschenkorpus im Stoffbruch (SB 2)

1 × Taschenboden im Stoffbruch (SB 1)

ZUSCHNEIDEN FUTTERSTOFF

1 × Taschenkorpus im Stoffbruch (SB 2)

2 × Innentasche (SB 1)

ZUSCHNEIDEN VLIES

1 × Taschenkorpus im Stoffbruch (SB 2)

VORBEREITEN

Übertrage alle Markierungen für Ober- und Unterstoff auf die rechte Seite.

Übertrage das Rechteck auf der Innentasche auf eine linke Seite eines Schnittteils.

Bügle das Vlies auf alle Futterteile auf die linke Stoffseite.

NÄHMASCHINENSTICHE

zum Zusammennähen: Geradstich, Stichlänge 2,5
zum Absteppen des Taschenbodens: Geradstich, Stichlänge 3

Versäuberungsstich nach Wahl

SO GEHT'S

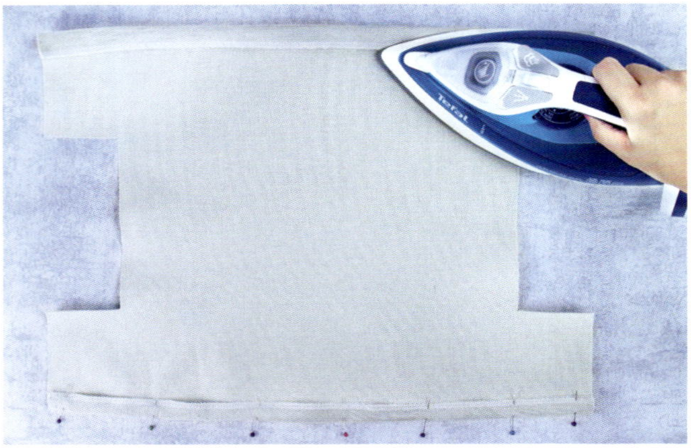

1 TASCHENBODEN VORBEREITEN
Versäubere die beiden Längskanten des Taschenbodens. Schlage sie dann jeweils 2cm nach links um, bügle den Umschlag und stecke ihn fest.

2 GURTBÄNDER AN AUSSENTASCHE NÄHEN
Halbiere das Taschengurtband. Stecke die Gurtbänder mit den Enden jeweils an die Markierungen auf der rechten Seite des Taschenteils aus Oberstoff.

3 Der über die Taschenoberkante hinausragende Gurtteil bildet den Henkel. Stecke die Gurtbänder bis zur Oberkante fest und achte auf gleichmäßige Abstände zwischen den Bändern. Du kannst das Teil mit dem festgesteckten Gurt auch vorsichtig über die Schulter hängen, um zu testen, ob die Länge passt. Kürze die Gurte, falls nötig.

4 Platziere jeweils 2cm unterhalb der oberen Taschenkante eine Stecknadel auf den Gurten. Bis zu dieser Markierung werden sie später festgenäht.

5 Zeichne an jedem unteren Gurtbandende Rechtecke mit einem Kreuz vor; dort werden die Gurtbänder zusätzlich festgesteppt, damit sie stabiler werden.

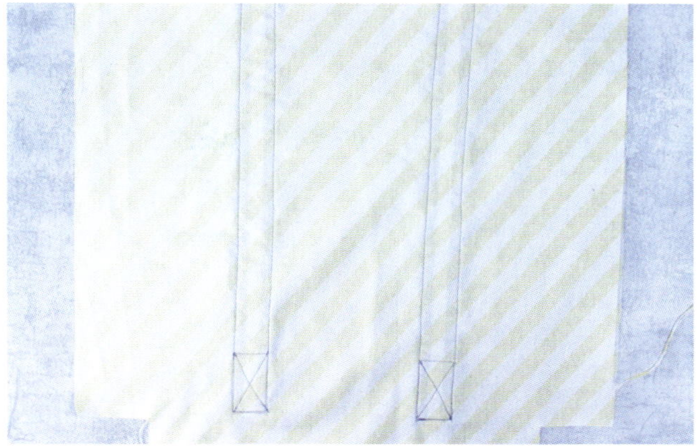

6 Nähe die Gurtbänder nun knappkantig an beiden Seiten auf das Taschenteil aus Oberstoff und steppe auch die Rechtecke mit Kreuz sorgfältig nach.

7 Lege jetzt den Taschenboden mit der linken Seite nach unten auf die rechte Seite des Taschenteils aus Oberstoff. Stecke die Teile an den Bodenseitenkanten genau aufeinander fest. Hefte die vier Seiten des Bodens mit einem Randabstand von 0,5 cm an den Taschenkorpus.

8 Steppe den Taschenboden an beiden Längskanten knappkantig auf dem Taschenkorpus fest. Bügle die Steppnähte des aufgenähten Taschenbodens.

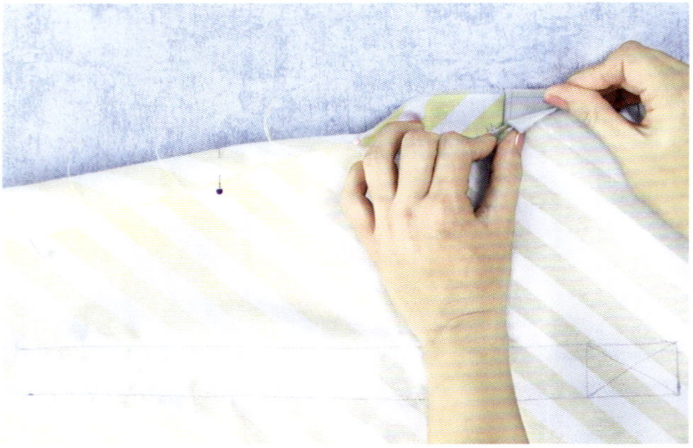

9 SEITEN AN DER AUSSENTASCHE SCHLIESSEN

Falte den Taschenkorpus rechts auf rechts zur Mitte und stecke ihn an den Seiten zusammen. Achte darauf, dass die festgesteppten Bodenlängskanten genau aufeinander treffen. Nähe die Taschenseiten zusammen. Die Ecken am Boden bleiben noch offen.

10 TASCHENBODEN NÄHEN

Markiere die Mitte des Bodens an der Kante mit einer Stecknadel. Falte den Boden auf und lege die Kante des Bodens auf die offene Kante der unteren Taschenecke (siehe auch Bild 11). Die Stecknadel trifft dabei auf das Ende der Seitennaht.

11 Stecke die seitlichen Bodenkanten aufeinander.Nähe sie von einer Seite zur anderen zusammen. Wiederhole die Schritte auf der anderen Seite des Bodens.

12 Wende die Außentasche. Der Boden ist nun komplett geschlossen – damit hast du einen wichtigen Schritt geschafft.

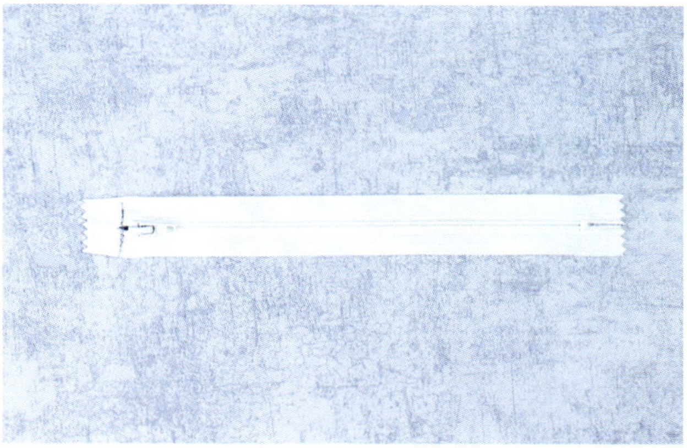

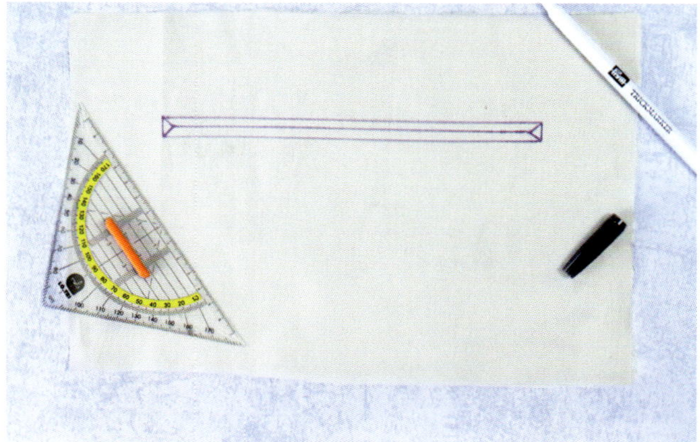

13 REISSVERSCHLUSS IN DIE INNENTASCHE EINSETZEN
Halte die Schlitze oben und unten am Reißverschluss jeweils mit einer Stecknadel zusammen und nähe langsam mit ein paar Geradstichen über die Lücke, um sie zu sichern. Achte aber darauf, nicht über die Zähnchen zu nähen.

14 Übertrage das Reißverschlussrechteck auf die linke Seite eines Innentaschenteils: Die Länge entspricht der des Reißverschlusses, die Breite beträgt 1 cm. Zeichne anschließend auch die kleinen Dreiecke an den Enden ein.

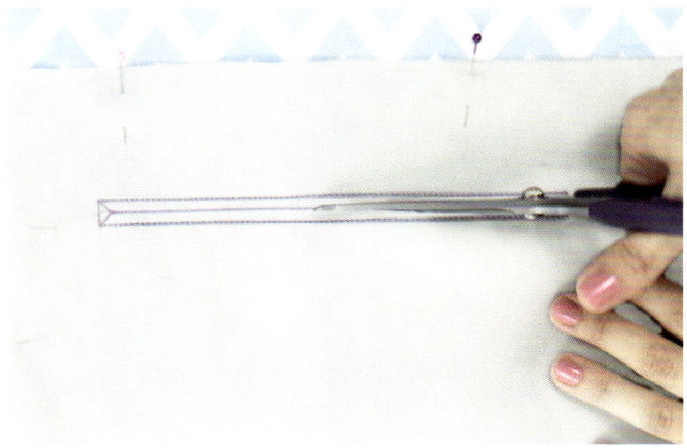

15 Lege eine Seite des Futterteils mit der rechten Stoffseite nach oben auf den Tisch. Lege das Innentaschenteil mit dem Rechteck nach oben auf die Markierung für die Innentaschenposition. Stecke es auf dem Futter fest. Nähe entlang des Reißverschlussrechtecks die Innentasche auf das Futter.

16 Nun wird das Rechteck eingeschnitten: Schneide vorsichtig die Mittellinie entlang von einer Dreiecksspitze bis zur nächsten.

17 An den Dreiecken schneidest du schräg ein, jeweils bis zur äußeren Ecke des Rechtecks. Achte darauf, dass du dabei nicht in die Naht schneidest. Die Dreiecke dürfen nicht abgeschnitten werden.

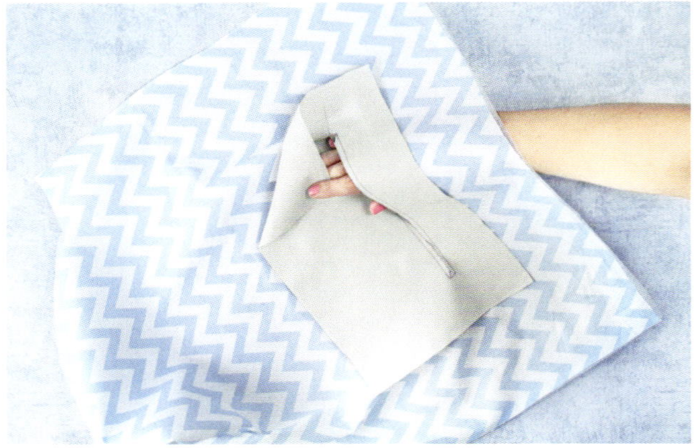

18 Greife nun von links durch die Öffnung (wie durch einen Briefkasten) und ziehe die Innentasche komplett auf die linke Seite des Futterteils.

19 Ziehe die Ecken vorsichtig zurecht und drücke die Kanten des so entstandenen Schlitzes heraus. Bügle das Rechteck sorgfältig in Form.

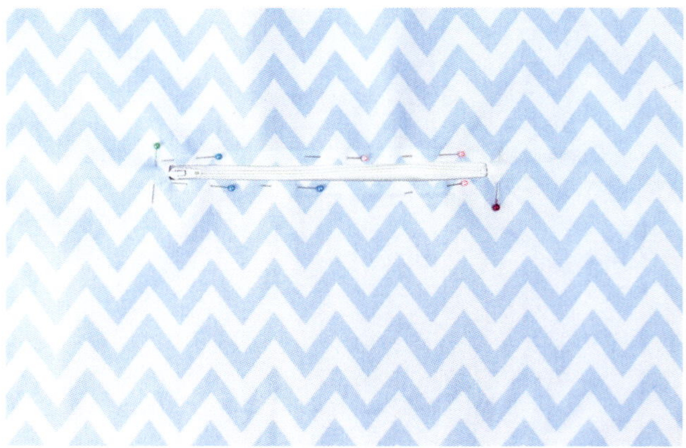

20 REISSVERSCHLUSS EINNÄHEN

Lege den Reißverschluss mit der rechten Seite nach oben auf den Tisch, platziere das Futter mit dem Schlitz darauf und stecke den Reißverschluss ringsherum im Rechteck fest.

21 Damit der Reißverschluss nicht verrutscht, kannst du ihn mit doppelseitigem Klebeband festhalten. Aber achte darauf, die Klebestreifen ganz außen anzubringen, damit du später nicht darübernähst. Entferne die Streifen vor dem Bügeln.

22 Setze den Reißverschlussfuß ein und steppe den Reißverschluss ca. 3mm neben der Schlitzkante fest. Nähe rings um das Rechteck. An den Ecken lässt du die Nadel im Stoff stecken und hebst den Nähfuß an, um das Teil zu drehen. Bügle die Naht.

23 Lege das zweite Innentaschenteil mit der rechten Seite auf das erste und nähe nur die beiden Innentaschenteile ringsherum zusammen. Schaffe dabei den Futterstoff aus dem Weg, damit er nicht mit angenäht wird. Versäubere die Kanten. Falte das Taschenfutter rechts auf rechts zur Mitte und stecke es an den Seiten zusammen. Schließe den Futterboden wie bei der Außentasche (siehe Seite 120).

24 MAGNETVERSCHLÜSSE ANBRINGEN

Setze den Magnetverschluss mit den flachen Stiften an die vorgesehene Position und markiere die beiden Punkte, an denen die Stifte auf den Stoff treffen.

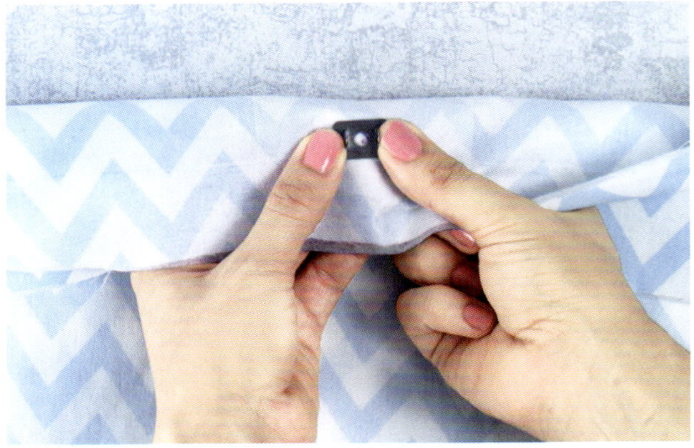

25 Bringe mit einem Nahttrenner kleine Öffnungen für die Stifte an den Markierungen an, indem du vorsichtig in den Stoff stichst.

26 Schiebe die Stifte durch die beiden kleinen Löcher und lege das kleine Verschlussplättchen auf die Stifte. Drücke die Stifte nach innen.

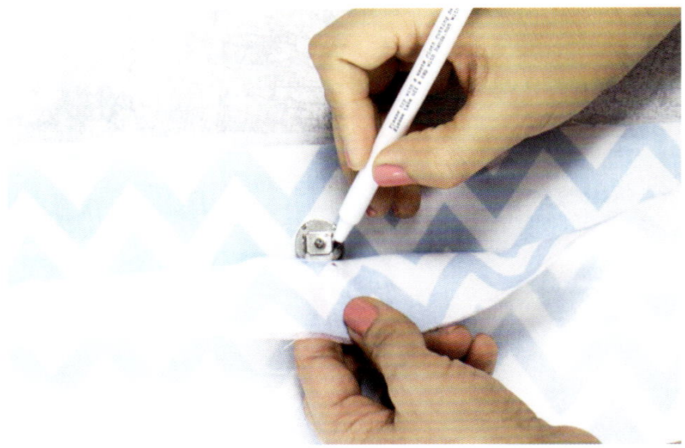

27 Setze das Gegenstück des Magnetverschlusses auf das bereits befestigte Verschlussteil.

28 Lege den Stoff von der gegenüberliegenden Futterseite auf die beiden Stifte, die nach oben ragen, und markiere die Stellen, an denen sie auf den Stoff treffen. Bringe auch hier kleine Öffnungen im Stoff an, setze das zweite Verschlussteil ein und drücke die Stifte ebenfalls zur Seite.

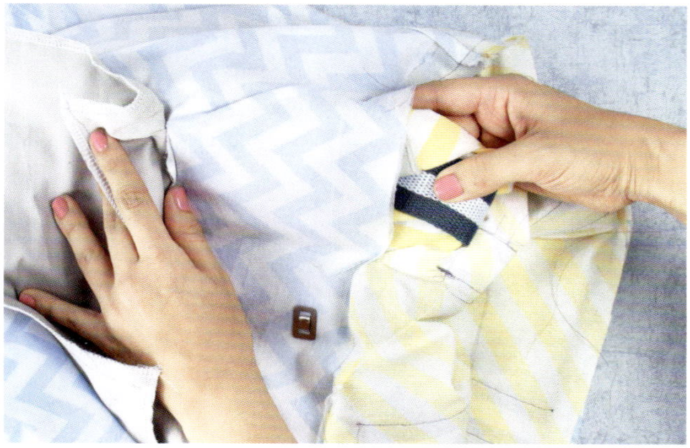

29 Lege die nach rechts gewendete Außentasche in die nach links gewendete Futtertasche. Stecke die Teile an der oberen Kante zusammen; achte darauf, dass die Seitennähte aufeinandertreffen und die Henkel innen liegen. Die Teile oben ringsherum bis auf eine Öffnung von ca. 7 cm zusammennähen.

30 Wende die Tasche durch die Öffnung an der oberen Kante (siehe auch Seite 112).

31 Ziehe die Tasche in Form, drücke die Nahtkanten heraus und bügle sie. Falte die noch offenen Kanten 1 cm nach innen, sodass die obere Taschenkante bündig abschließt, bügle sie und stecke sie zusammen. Steppe die Oberkante knappkantig ab, dabei wird die Wendeöffnung geschlossen.

WHOOHOO!
Deine erste richtige selbstgenähte Tasche!

Challenge Deluxe

RUNDES KRÄUSELKISSEN

MIT PASPEL

Pastellfarbene Stoffe treffen auf bunte Paspeln. Die Ösenknöpfe in der Mitte halten die attraktive Raffung zusammen. Kreiere hübsche Hingucker fürs Wohnzimmer oder fröhliche Highlights für den Balkon.

DIESE TECHNIKEN LERNST DU

kräuseln, heften von Hand, Paspel anbringen, Knopf durch Kissenmitte annähen

FERTIGE GRÖSSE

ca. 30 cm Ø

ca. 17 cm Höhe

DAS BRAUCHST DU (FÜR EIN KISSEN)

50 cm Baumwollbatist (140 cm breit)

1 m Paspelband

2 Ösenknöpfe, 4 cm Ø

350 g Füllwatte

farblich passendes Nähgarn

starkes Garn (z.B. Jeansgarn) zum Kräuseln

große Handnähnadel

Fingerhut

Handmaß oder Geodreieck

Markierstift oder Schneiderkreide

ZUSCHNEIDEN

1 cm Nahtzugabe ist in allen Schnittteilen enthalten.

1 × Seitenteil im Stoffbruch (SB 1)

2 × Vorder-/Rückteil im Stoffbruch (SB 1)

NÄHMASCHINENSTICHE

Zum Zusammennähen:
Geradstich, Stichlänge 2,5

Zum Kräuseln: Geradstich, Stichlänge 5 oder 6 (größte Stichlänge)

PSST ...

Ein heißer Tipp: Für die Kleinen kann das Kissen sogar als Sitzpouf dienen. Na, wenn das mal kein Anreiz für einen Ehrenplatz am Katzentisch ist!

Auch wenn dieses Kissen verlockend wie ein Sahnebonbon daherkommt: Es ist nicht ganz einfach zu nähen. Aber keine Sorge, du lernst Schritt für Schritt, wie du eine Paspel zwischen zwei Teile nähst. Und für das Kräuseln der Stoffmenge brauchst du ziemlich viel Power in den Fingern. Bewaffne dich mit einem Fingerhut und stelle dich deinem Endgegner in Pastell!

SO GEHT'S

1 **SEITENTEILE SCHLIESSEN**
Lege das Seitenteil, das Vorderteil und das Rückteil zur Mitte (rechte Seite liegt innen) und stecke jedes Teil an den Schmalseiten zusammen. Nähe die Teile jeweils zum Ring zusammen. Versäubere alle Kanten.

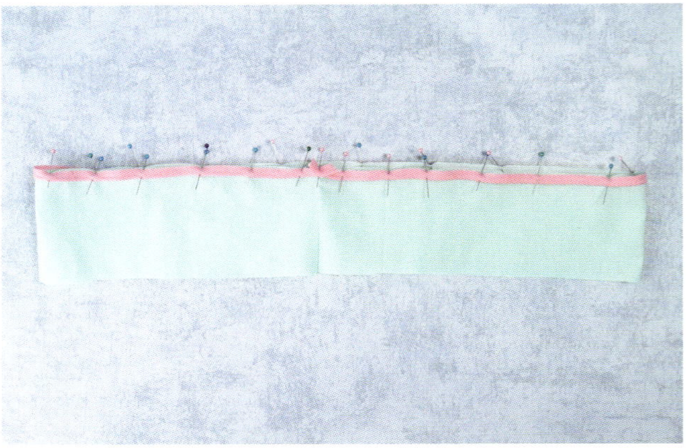

2 **PASPELBAND ANNÄHEN**
Stecke das Paspelband jeweils ringsherum an eine Längskante des Seitenteils. Die Kanten sollten dabei bündig aufeinander liegen. Im nächsten Schritt werden Anfang und Ende des Bands befestigt.

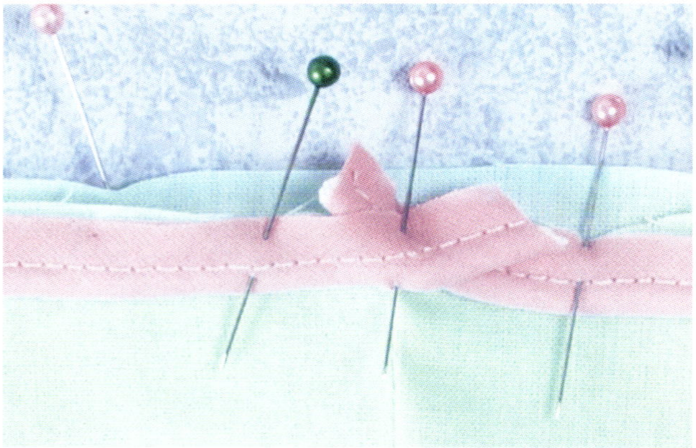

3 Der Anfang und das Ende des Paspelbands verschwinden überlappend in der Nahtzugabe. Dafür steckst du das Paspelband am Seitenteil knapp oberhalb der Naht fest und legst das Ende über den Bandanfang. Kürze das Band erst dann.

4 Lege die Kante mit dem Paspelband unter den Nähfuß und nähe mit einem Geradstich genau auf der Naht des Paspelbands. Wiederhole die Schritte an der anderen Kante des Seitenteils und nähe auch dort ringsherum die Paspel an.

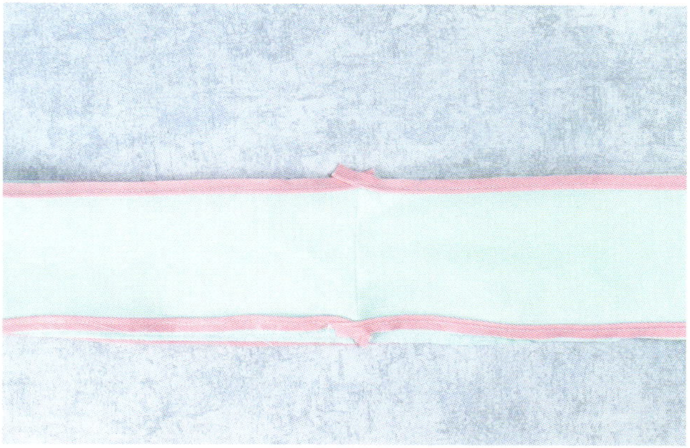

5 Prima, das Paspelband ist nun schon an beiden Seitenteilen des Kissens festgesteppt!

6 Stecke das Seitenteil mit der Paspelseite rechts auf rechts an eine Kante des Vorder- oder Rückteils. Stecke die Nadeln auf die Seite, auf der die erste Naht des angenähten Paspelbands sichtbar ist.

7 Lege die Teile dann auch so unter den Nähfuß, dass die Stecknadeln oben liegen und die Naht der angenähten Paspel sichtbar ist. Verbinde die beiden Stoffteile, indem du genau auf dieser Naht nähst. Wiederhole den Vorgang mit dem restlichen Kissenteil.

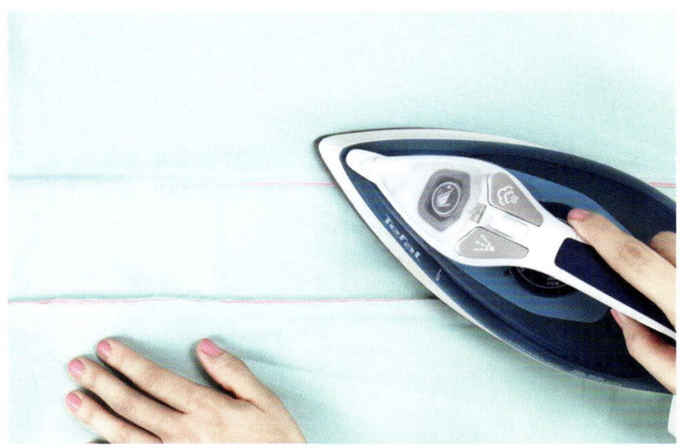

8 Bügle die Nahtzugaben mit der Paspel nach innen zum Seitenteil und bügle das gesamte Kissenteil. Drehe es dann auf die rechte Seite.

9 KRÄUSELN
Fädle Jeansgarn als Oberfaden in die Nähmaschine ein; der Unterfaden bleibt. Steppe mit der größten Sticklänge zwei Nahtreihen mit 0,5 cm und 0,7 cm Randabstand. Anfang und Ende nicht mit Rückstichen sichern, sondern Fäden 10 cm hängen lassen!

10 Steppe die Heftnähte an beiden Seiten des Kissens, aber kräusele zunächst nur eine Seite folgendermaßen: Halte die oberen Fäden fest und schiebe vorsichtig den Stoff zusammen und die dabei entstehenden Kräusel nach hinten. Schiebe den Stoff so weit zusammen, bis er ganz dicht gekräuselt ist.

11 Die Kissenhülle ist nun bis auf eine mittige Öffnung von 4 bis 5 cm gekräuselt. Erschrick nicht, falls es noch etwas größer ist. Es wird Schritt für Schritt verkleinert.

12 Sichere die heraushängenden Fäden sorgfältig mit einem Doppelknoten. Dabei schließt sich die Öffnung wieder ein bisschen mehr.

TIPP

Achte darauf, nur an den Enden des Oberfadens zu ziehen, und nicht am Unterfaden. Arbeite behutsam; wenn der Faden reißt, musst du ihn herausziehen, den Stoff glatt bügeln und erneut heften.

KRÄUSELN

Mit der Kräuseltechnik kann man Weite reduzieren und gleichzeitig für Fülle sorgen. Sie wird meist für Rüschen, Röcke oder Ärmel eingesetzt. Oder für diese hübschen Kräuselkissen.

13 Nun kannst du die Hülle von der offenen Seite mit Füllwatte ausstopfen. Die Füllung darf nur so dick sein, dass es noch möglich ist, mit einer langen Nadel von einer Kissenseite zur anderen zu stechen und die Nadel dort zu greifen.

14 Kräusele nun auch die noch offene Seite wie in Schritt 10. Nimm Wattefüllung heraus oder fülle etwas nach, falls das Kissen zu fest oder zu schlaff ist. Verknote auch hier die Fäden an der Öffnung.

15 **ÖFFNUNG SCHLIESSEN**
Verkleinere die Öffnung in der Mitte noch weiter, indem du sie mit Handstichen heftest und erneut kräuselst: Fädle das Jeansgarn in die Nähnadel ein, lege den Faden doppelt und verknote die Enden. Stich von unten an einer beliebigen Stelle ein.

16 Nimm durch die gewellten gekräuselten Kanten mit ca. 4 mm langen Heftstichen Stoff auf. Hefte auf diese Weise ringsherum um die Öffnung. Ziehe den Faden nach ein paar Stichen straff, dann wird die Öffnung allmählich kleiner. Sichere die Naht mit Rückstichen und einem Knoten. Übrig bleibt nun noch ein kleines Loch (bis zu 2 cm).

17 Schließe das kleine Loch mit einem sternförmigen Stich: Fädle den Faden doppelt ein und verknote die Enden. Stich von einer Seite jeweils zur gegenüberliegenden, bis alles geschlossen ist, und sichere die Naht. Schöne Nähte sehen anders aus, aber der große Knopf wird gleich alles verstecken!

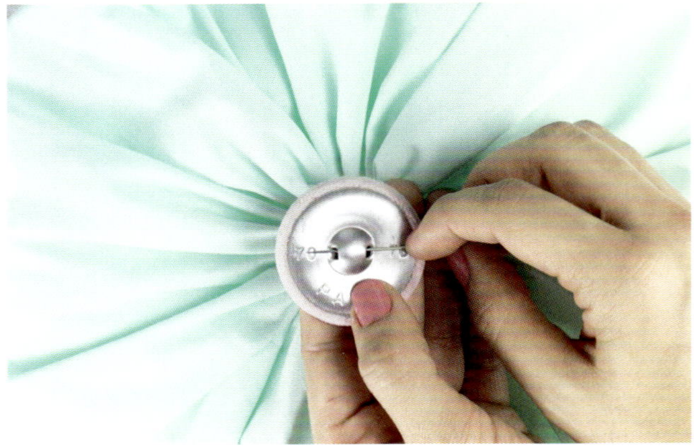

18 Fädle ein neues Stück Jeansfaden auf die Nähnadel, lege es doppelt und verknote die Enden. Stich von oben in die Kräuselnaht und ca. 3mm daneben wieder aus, damit der Faden gesichert ist. Nimm einen Knopf auf, indem du durch die Öse stichst.

19 Stich nun mit der Nähnadel durch die Kissenmitte, bis sie auf der anderen Seite in der Mitte wieder herauskommt. Du kannst das Kissen dafür etwas zusammendrücken.

20 Ziehe die Nadel von der anderen Seite heraus. Stich mit der Nadel wieder durch die Mitte zurück auf die andere Seite und führe sie erneut durch die Knopföse. Stich die Nadel wieder durch das Kissen zur anderen Seite und ziehe den Faden dabei straff, damit der Knopf fest sitzt. Wiederhole den Vorgang noch vier- bis fünfmal.

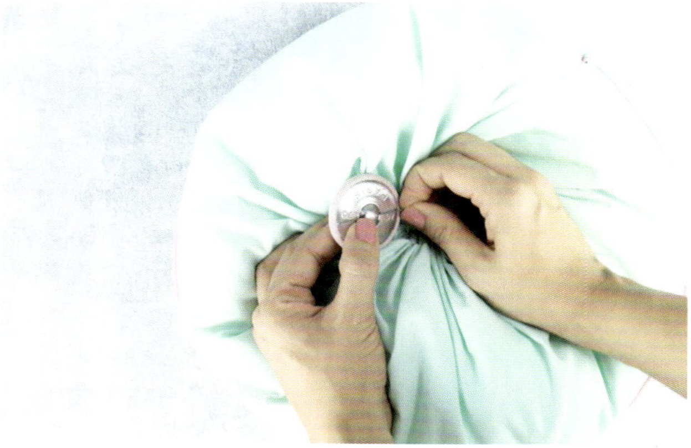

21 Nimm auf der anderen Seite nun den zweiten Knopf auf und stich erneut komplett durch die Mitte auf die andere Kissenseite und anschließend wieder durch die Knopföse.

22 Wiederhole den Vorgang etwa fünfmal, bis auch der zweite Knopf richtig straff in den Stoff gezogen wird und das Kissen Form bekommt.

23 Sichere den Faden zum Schluss unter dem Knopf mit Rückstichen und verknote ihn fest.

24 Bestimmt möchtest du gleich ein zweites Kissen haben; nun beherrschst du alle Techniken, sodass du das zweite umso schneller nähst.

GRANDIOS!

Dein wunderhübsches Kissen ist fertig – und alle Finger sind noch dran!

Willst du nähen?

DANN STREICHE ALLES ANDERE VON DER TO-DO-LISTE
UND SETZ DICH AN DIE NÄHMASCHINE!

– KAPITEL 6 –

WOW, DU KANNST NUN WIRKLICH NÄHEN!

UND JETZT?

Türme deine genähten Werke doch einmal vor dir auf, das alles hast du zusammen mit deiner Nähmaschine selbst geschafft! Ist das nicht großartig? Du kannst wirklich stolz auf dich sein! Vielleicht weißt du jetzt nicht so recht, wohin mit der ganzen Nähenergie und willst sofort loslegen mit weiteren Projekten?

Auf den nächsten beiden Seiten habe ich kurz noch meine Tipps zusammengefasst, damit du dieses wunderbare Hobby voller Inspiration weiter vorantreiben kannst. Schließlich ist das eine Freundschaft fürs Leben!

GLEICHGESINNTE FINDEN

Nähen macht Spaß! Aber noch mehr Freude macht es, dieses Vergnügen mit anderen zu teilen. So kannst du deine Kenntnisse laufend verbessern und mit Gleichgesinnten die Freude an diesem schönen Hobby teilen:

NÄHRUNDEN IM FREUNDESKREIS

Bestimmt hast du bereits deinen Lieblingsmenschen begeistert von deinen ersten Nähversuchen erzählt. Vielleicht gibt es ja noch ein paar andere, die nähen können oder lernen möchten? Warum trefft ihr euch nicht an einem Wochenende oder freien Abend zum gemeinsamen Nähmaschinen-rattern-Lassen?

NÄHCAFÉS, NÄHGRUPPEN

Keine nähenden Freunde? Dann such dir welche! Recherchiere doch einmal, ob es in deiner Stadt Nähcafés oder Nähkreise gibt, in denen man sich treffen kann und andere Nähbegeisterte findet.

NÄHKURSE

Wenn du dein Hobby weiterbringen möchtest, lohnt es sich, in einen Nähkurs zu investieren. Dabei schaut dir jemand Qualifiziertes persönlich über die Schulter und du kannst feststellen, ob du die Dinge richtig machst. Bei Fragen hast du zudem einen direkten Ansprechpartner. Und du kannst den Spaß mit anderen Gleichgesinnten teilen!

ZEIT FINDEN ZUM NÄHEN

Du glaubst gar nicht, wie oft ich in den letzten Jahren den Satz gehört habe: „Oh, ich würde ja auch so gerne nähen, aber wo soll ich bloß die Zeit hernehmen?" Und ja, auch ich kenne das Gefühl, dass sich die Stoffe und Projekte wochenlang stapeln, ohne dass ich auch nur eine Naht genäht habe. Dann kann das schöne Hobby schnell in ein schlechtes Gewissen oder sogar Stress ausarten. Ich habe kleine Tricks, mit denen ich das Nähen weiterhin als lässiges Hobby sehen kann.

VERABREDE DICH MIT DEINER NÄHMASCHINE

Es klingt banal, aber plane doch mal feste Zeitfenster ein, in denen du dich mit deiner Nähmaschine triffst, um zu nähen. Schreibe dir diese Slots in den Terminkalender und streiche sie nicht, bloß weil sich eine Verabredung oder andere Verpflichtung anbahnt.

PRIORITÄTEN SETZEN

Du willst wirklich DAS eine Projekt nähen? Dann schiebe es in den Prioritäten ganz nach oben. Anstatt die Feierabendserie anzuschauen, lässt du mal die Nähmaschine rattern. Denn danach hast du etwas in der Hand, das du selbst gemacht hast. Bestell dir eine Pizza, anstatt zu kochen. Vielleicht kann den Wochenendeinkauf mal jemand anderer übernehmen? Und den Wäscheberg, der dir im Nacken sitzt, streichst du von der heutigen To-do-Liste. Ohne schlechtes Gewissen. Heute willst du nähen! Für dich! Hol die Nähmaschine heraus und fange an!

KLEINE SCHRITTE SIND BESSER, ALS ÜBERHAUPT NICHT ANZUFANGEN

Okay, ich weiß. Manchmal ist es schwierig, das Nähen wirklich zu priorisieren. Deadlines müssen beachtet werden, und manche Verpflichtungen lassen sich nicht einfach so ausblenden. Aber wer sagt eigentlich, dass man immer einen ganzen Nachmittag oder Tag an der Nähmaschine verbringen muss? Vielleicht reicht ja auch schon eine halbe Stunde, um endlich mal den Stoff zuzuschneiden? Oder Bindebänder fertig zu nähen? Setze dich bewusst nur für diese einfachen Arbeiten an die Nähmaschine. Jeder noch so kleine Schritt in Richtung fertiges Projekt wird dich motivieren.

NÄHMASCHINE UND ZUBEHÖR IMMER PARAT HABEN

Ich habe es ja schon eingangs gesagt: Niemand hat Lust, für kleine Nähprojekte erst die halbe Wohnung umzuräumen, um die Nähmaschine aufzustellen. Hast du keinen eigenen Nähplatz, überlege dir eine leicht zugängliche Möglichkeit, die Nähmaschine zu verstauen und mit kleinen Handgriffen alles parat zu haben. Und schau dir jede Ecke deiner Wohnung einmal genau an. Da, der kleine Sekretär mit der ganzen Papierablage. Würde sich dort eine Nähmaschine nicht viel schöner machen als der Stapel ungelesener Zeitschriften?

MEINE LIEBLINGSQUELLEN

ZUM THEMA NÄHEN

Die Welt ist voll von schönen Publikationen zu diesem Thema. In den letzten fünf Jahren habe ich fleißig Nähbücher, Schnittmuster und vieles mehr dazu gesammelt. Ich liebe Nähblogs und höre selbst beim Arbeiten gern Näh-Podcasts. Hier ist meine Hitliste:

BÜCHER

Laura Hertel: 1 Schnitt – 10 Kleider, München 2016

Laura Hertel: 1 Schnitt – 10 Jacken, München 2017

Swantje Wendt: Alles Jersey – Bodywear, München 2017

Tilly Walnes: Liebe auf den ersten Stich, München 2014

Yuka Koshizen: Carry Me: Designtaschen selber nähen, München 2013

SCHNITTMUSTERZEITSCHRIFTEN UND -ANBIETER

La Maison Victor, Nähmagazin

www.pattydoo.de

www.rapantinchen.de

www.closetcasepatterns.com (englischsprachig)

www.seamworkmagazine.com (englischsprachig)

www.tillyandthebuttons.com (englischsprachig)

PODCASTS (ENGLISCHSPRACHIG)

http://lovetosewpodcast.com

http://makerstyle.ca

NÄHBLOGS

www.jessicali.de

www.ratundnaht.de

www.schneidersitz.blog

www.secondopiano.space (englischsprachig)

www.seemannsgarn-handmade.de

YOUTUBE-KANÄLE

einfach nähen

Liz & Swantje

ZEIT, DANKE ZU SAGEN

Fast sechs Monate habe ich einen Großteil meiner Zeit damit verbracht, für dieses Buch zu schreiben, zu nähen und zu fotografieren. Viele Menschen haben zur Gestaltung und Organisation beigetragen, ohne sie wäre das Buch nie zustande gekommen.

An sie alle geht ein großes Dankeschön:

An HEIKE vom EMF-Verlag, dafür, dass du mich mit diesem Projekt eingeplant hast, für die gute Zusammenarbeit und für deine Mühe. JUDITH, für das nahtlose Weiterführen und das tolle Durchfuchsen durch meine Anmerkungen :) PIA, für dieses perfekte Layout und deine Geduld. Ihr seid ein tolles Team.

An die wunderbaren Sponsoren: Brother, für diese großartige Nähmaschine! CLAUDIA von Stoff und Stil, Rico Design, Stoffe.de, Prym, Gütermann, die liebe CATRIN vom Stoffbüro und NADINE von Alles für Selbermacher – ohne eure tollen Stoffe, Kurzwaren, Werkzeuge und Garne wäre dieses Buch nie so schön geworden.

An meinen Mann CHRISTIAN, für deine beruhigende Hand auf meiner Schulter, den telepathischen Kaffeeservice, die extra Gassirunden und deine Engelsgeduld. Ohne dich wäre das hier alles nicht möglich gewesen, danke, dass du an meiner Seite bist.

An AMAIA, MELANIE, CLAUDIA, ALEXANDRA, ANGELA, CORINNA, KATHRIN und JASMIN: Sei es der erste Nähkurs, den ich von euch geschenkt bekam, oder die Unterstützung bei meinen ersten Versuchen an der Nähmaschine. Ihr habt einen wichtigen Beitrag zu meiner Nähleidenschaft und allem, was danach kam, geleistet, das werde ich nie vergessen. Und an all meine anderen Freundinnen, für unsere netten Abende, eure motivierenden Worte und euer Verständnis für kurz- und langfristige Absagen von Stammtischen und Kurztrips.

An dich, liebste SUSI! Ohne deinen Erstgeborenen hätte mich das Nähvirus nie gepackt. Das weißt du sicher!

An MEINE ELTERN, MEINE SCHWIEGERELTERN und MEINE SCHWESTERN MELISA und ÖVGÜ für euer offenes Ohr, euer Interesse und eure Motivation!

An dich, liebe LENA, für dein extra Fotoequipment, ohne das ich verloren gewesen wäre, und unsere Quatsch-Abende im Balthasar nach dem Sport.

An ANKE, die beste Nählehrerin überhaupt: Danke für deine Entspanntheit, dein großes Wissen, das du so wunderbar pragmatisch weitergeben kannst. Die lustigen Stunden in deinem Kurs und unsere gemeinsamen Mittagessen sind unvergessen.

An all DIE LESERINNEN UND LESER meines Blogs, ohne die dieses Buch garantiert nie entstanden wäre. Die Zeit, die ihr euch nehmt, meinen Blog zu lesen, zu kommentieren und mir Feedback zu geben, würdige ich sehr, und ihr treibt mich jeden Tag an, mit diesem wunderbaren Hobby weiterzumachen. Ich hoffe, dass wir uns noch viele Jahre gegenseitig inspirieren werden. Ihr seid großartig!

Zu guter Letzt: An den besten Hundeopa der Welt, meinen Schatten auf vier Beinen: MAX, dafür, dass du mir zur richtigen Zeit den Kopf auf mein Bein legst und mich daran erinnerst, mal frische Luft zu schnappen.

WER HAT HIER ÜBERHAUPT GESCHRIEBEN?

HELLO, ICH BIN SELMIN!

Als Berlinerin mit türkischen Wurzeln lebe und arbeite ich nun schon fast zwei Jahrzehnte in meiner Wahlheimat Köln. Auch wenn die Berliner Schnauze manchmal unverkennbar ist, bezeichne ich mich inzwischen gern als Rheinländerin. Wenn ich einmal nicht nähe, entdecke ich mit meinem Mann und unserem Hundeopa Max gern mein Lieblingsland Großbritannien.

Als Tochter einer Schneiderin hat mich erst 2012, mit 32 Jahren, das Nähvirus gepackt – aber gleich mit voller Wucht! Inzwischen ist Nähen für mich einfach die schönste Möglichkeit, meinen eigenen Stil zu verwirklichen. Nähen hat sich schon fast zu meiner Lebensphilosophie entwickelt. Es hat mein Leben in kreative Bahnen gelenkt, an die ich vor zehn Jahren nicht einmal ansatzweise gedacht hätte. Eines der Resultate hältst du gerade in deinen Händen.

Nach einem BWL-Studium und einer zwölfjährigen Angestelltenlaufbahn mit mehr als sechs Jahren im Marketing und Vertrieb einer IT-Unternehmensberatung habe ich dieser Branche vor zwei Jahren den Rücken gekehrt, um mich auf meine Leidenschaftsthemen Nähen, Schreiben und Fotografieren zu konzentrieren.

Seitdem publiziere ich regelmäßig Inspirations-Posts auf meinem Blog WWW.TWEEDANDGREET.DE und arbeite als freiberufliche Online-Redakteurin und Content Creator für Unternehmen. Mein Blog Tweed & Greet ist ein kreativer DIY-Fashion und Lifestyle-Blog, auf dem sich alles um individuelle, selbstgenähte Outfits, Schnittmuster und Stoffe dreht. Der Blog ist gespickt mit Tipps und Tricks rund ums Nähen und witzigen Anekdoten. Mit meinen Nähprojekten zeige ich, dass Nähen gleichermaßen stylish und alltagstauglich sein kann. Meine Geschichten rund um den Nähtisch sollen zum Nachmachen anregen und Freude am Nähen vermitteln. Genau wie dieses Erstlingswerk.

Du hast dich an deine ersten Nähprojekte getraut? Ich freue mich riesig, wenn du deine Kreationen mit mir teilst. Poste doch einfach deine Projekte unter dem Hashtag „hellonähmaschine“ auf instagram und verlinke zu meinem Profil **@tweedandgreet**, damit ich nichts von deinen Werken verpasse!

IMPRESSUM

Bibliografische Information der Deutschen Bibliothek.

Die Deutsche Bibliothek verzeichnet diese Publikation in der Deutschen Nationalbibliografie.

Detaillierte bibliografische Daten sind im Internet über http://www.dnb.de/ abrufbar.

EIN BUCH DER EDITION MICHAEL FISCHER

1. Auflage 2018

Produktmanagement: Heike Fröhlich, Judith Wiedemann

Redaktion und Lektorat: Gisela Witt, München

Cover, Layout und Satz: Pia von Miller

Bilder: Selmin Ermis-Krohs

ISBN 978-3-86355-839-0

Printed in Slovakia

www.emf-verlag.de